生活必需品领域价格指数
研究与应用

李素芳◎主编

中国市场出版社
·北京·

图书在版编目（CIP）数据

生活必需品领域价格指数研究与应用/李素芳主编.
—北京：中国市场出版社，2015.9
ISBN 978-7-5092-1388-9

Ⅰ.①生… Ⅱ.①李… Ⅲ.①生活必需品-价格指数-研究-北京市 Ⅳ.①F727.1

中国版本图书馆 CIP 数据核字（2015）第 183271 号

书　　名：生活必需品领域价格指数研究与应用

主　　编：李素芳
责任编辑：许　慧
邮　　箱：xu_hui 1985@126.com
出版发行：中国市场出版社
地　　址：北京市西城区月坛北小街 2 号院 3 号楼（100837）
电　　话：编辑部（010）68012468　读者服务部（010）68022950
　　　　　发行部（010）68021338　68020340　68053489
　　　　　　　　68024335　68033577　68033539
印　　刷：河北鑫宏源印刷包装有限责任公司
规　　格：170 毫米×240 毫米　1/16　12.75 印张　230 千字
版　　本：2015 年 9 月第 1 版
印　　次：2015 年 9 月第 1 次印刷
书　　号：ISBN 978-7-5092-1388-9
定　　价：48.00 元

本书编委会

主　编　李素芳
副主编　程跃华
编　委　（按姓氏笔画排序）
　　　　王淑琴　王旭　甘宁　申远
　　　　关伟　刘惠田　张晋　吴燕飞
　　　　胡晓阳　尚维　赵超美

稳价安民 指数亮剑

（代序）

改革开放至今已 37 年，这 30 多年中国的变化有目共睹。应该说，改革开放决定了当代中国的命运，也决定着实现"两个百年"奋斗目标和中华民族伟大复兴。党的十八届三中全会吹响了改革开放新的进军号，开启了全面深化改革的新征程。价格改革是全面深化改革的重要环节。邓小平同志讲："理顺物价，改革才能加快步伐。"如何定好规则，当好裁判，搞好服务，促进经济发展，成为今后价格改革的主要任务。其中，价格指数体系的健全完善、价格指数的研究与应用，既能服务政府宏观调控，又能引导市场资源有效配置；既能稳价安民，又能打造价格话语权，可谓价格改革中的一项创新之举。近年，一些部门和省市在价格指数方面做了一些有益尝试，政府和市场对价格指数的关注度也越来越高。今后，研究应用好价格指数，发挥价格指数在价格调控和引导市场预期中的作用将成为价格工作的重要内容。

作为价格改革实践的积极参与者和价格监测工作的具体执行者，我对各项价格工作有更为直接的感受，深感价格改革的不易，也深知价格指数编制的艰难。近些年，国家发展改革委价格监测中心在价格监测运行和制度管理体系、价格预警和应急监测、价格监测调研分析、信息发布等方面做了一些工作，但在价格指数编制、价格指数应用等方面仍处于起步阶段。虽然在中价国际指数、粮油价格预期指数、钢材价格预期指数等方面已有所探索，但在全面系统地编制和应用价格指数、发挥指数作用方面的工作力度尚显不足。北京市价格监测中心组织编写的《生活必需品领域价格指数研究与应用》一书，在总结社会已有工作成果的基础上，深入研究北京市农产品批发价格指数、北京市生活必需品价格指数的编制方法，为价格指数的编制和应用的深化积累了经验，为价格工作的创新提供了一些有价值的借鉴和启示。在此，我谨对《生活必需品领域价格指数研究与应用》一书的编写人员表示衷心的感谢！

《生活必需品领域价格指数研究与应用》一书有诸多创新：一是指数编制过程中对代表品的选取考虑周全，既有全面性又具代表性，比原先已有的一些价格指数所选取的代表品更加丰富。二是价格指数编制方法更为科学。综合运用市场调查和典型调查等方法确定权重，特别是采用可变权重的方法，使数据的实际效果得到很大程度改善。三是价格指数编制更快。价格指数是基于按日采集的价格数据编制的，数据频度高，编制周期短，及时性强。四是信息分析系统科学高效。北京市价格监测中心组织专业力量，采用 J2EE 架构，研发了一套北京市价格监测会商综合分析系统，此系统设计科学、运作高效，受到价格监测工作人员一致好评。创新之余，生活必需品领域价格指数的研究和应用还有进一步完善的空间。建议今后在代表品选取、权重动态调整等方面继续改进，探索研究出更为科学完善的编制方法。

黄沙百战穿金甲，豪情满怀再出发。展望未来，价格指数的研究和应用，天地广阔、大有可为。我们虽知雄关漫道遍荆棘，但仍会跌宕起伏不回头。相信在今后的工作中，我们的价格工作者一定会在总结前人经验的基础上，开拓创新，不断进取，推动价格指数研究与应用工作迈上新台阶，真正服务好政府、服务好市场、服务好人民，为经济稳步发展、社会和谐安定做出更大的贡献！

郑立伟

2015 年 5 月

SHENGHUO BIXUPIN LINGYU
JIAGE ZHISHU YANJIU YU YINGYONG

目　录

1 绪　论

1.1　研究背景与意义

生活必需品领域有狭义和广义之分。狭义的指约定俗成的粮、油、肉、蛋、菜，或柴、米、油、盐、酱、醋、茶等，局限在维持人们基本生存的食品消费领域。广义的则指满足人们日常生活需求的生存资料和部分发展资料，既包括实物消费，也包括劳务消费，涉及衣、食、住、行、用等多个消费领域。本书的研究对象是广义的生活必需品领域的价格指数，反映大众日常生活必需品和服务价格的变化，而非反映低收入等特殊群体消费价格的变化。

随着我国经济市场化程度的提高，价格主管部门的职能由以政府定价为主转变为以价格调控为主。为适应价格调控和管理的需要，加强了对重要商品和服务价格的监测，为提高价格监测水平，系统反映重要商品和服务价格的变化，我们开展了生活必需品领域的价格指数研究工作。

价格是观察宏观经济运行和进行宏观调控最为关注的指标之一，保持价格总水平基本稳定也是宏观调控的主要目标。由于价格在宏观经济运行中的重要性，价格问题一直是研究者长期持续跟踪研究的热点问题之一。当前北京市价格总水平涨幅已明显回落，但部分居民生活必需品价格仍维持高位运行，对居民生活影响较大。为了及时准确掌握北京市生活必需品市场的价格动态，提高价格管理的科学性和前瞻性，打造北京价格管理话语权，强化价格监测部门的服务职能，北京市发展和改革委员会价格监测中心对生活必需品领域的价格指数在价格调控中的作用进行了深入的分析，在北京市生活必需品（服务）价格基础上，编制了北京市农产品批发价格指数和生活必需品价格指数。本书所编制价格指数从微观市场出发，及时、准确地反映北京市居民生活必需品价格变动状况，以及分类商品和服务价格的变化，对今后制定价格改革和价格调控政策，能提供有针对性的数据支撑，对价格监测工作也起到一定的促进作用。

目前，随着市场经济的不断深入，我国经济增长方式已经从主要依靠生产要素投入量的扩大向主要依靠生产要素效率提高方向转变。商品价格所描述的表面经济现象未必能真实反映市场运行情况，这就需要对原始价格数据进行深度处理，在此情况下，编制价格指数就显得重要且必需。在研究成果众多的价格指数领域，本书以《生活必需品领域价格指数研究与应用》为题，其意义在于：

一是迅速反映新常态经济形势下的价格变化，可以深入分析价格变动对经济运行的关联影响。北京市生活必需品领域价格指数的编制，进一步加强了对价格运行质量和结构以及经济运行关联影响的统计，反映消费方式的转变、消费结构的调整以及价格调控措施实施的情况，加强居民生活必需品价格的监测调查，促进北京市生活必需品市场健康可持续发展。

二是合理引导生产、流通，及时规避市场风险，有效节约社会经济成本。北京市生活必需品领域价格指数不仅可以反映北京市生活必需品价格的整体与单项品种的动态走势，而且通过指数反映出生活必需品市场的整体状况、市场结构以及市场供应和需求的变化情况，有利于给市场一个确定、科学的信号，从而合理引导生产和流通，引导市场主体有效规避市场风险，从而节约社会经济成本。

三是为建立城乡低收入居民生活保障联动机制提供数据支撑。由于北京市生活必需品领域价格指数可以及时、准确地反映北京市居民的基本生活状况，因而当生活必需品价格发生剧烈变动特别是大幅度上涨时，它可以为建立城乡低收入居民生活保障联动机制提供基础数据，从而使城乡低收入居民生活保障联动机制获得科学及时、切实可依的数据支撑。

四是为政府部门制定宏观调控政策提供重要依据。北京市是大型消费性城市，更是重要农副产品的交易集散地，成交价格在全国具有很强的代表性。北京市生活必需品领域价格指数，一方面可以使政府及时、有效、科学地掌握市场动向，准确把握政府价格调控的时机和力度；另一方面可以建立长效价格调节机制，进一步促进生产，保障市场供应和价格基本稳定。

五是实现价格管理的创新和突破，打造价格管理话语权。当前，价格监测、预警和调控的价格部门，直接编制并发布的指数很少，北京市农产品批发价格指数和生活必需品价格指数的编制，是政府价格管理部门管理机制创新的尝试与突破，在理论和实践上都具有创新意义。随着北京市生活必需品领域价格指数编制工作的完善，将为开展其他价格指数的编制工作提供参考和借鉴。

1.2 国内价格指数研究现状

根据现代经济学理论，所谓价格指数，是指报告期内销售或购进的全部商品价格总水平比基期水平升降变动程度的相对数，通常以报告期（年度、季度或月度）与基期（某年度、季度或者月度）相对比，以百分数表示。它是社会各项经济指数中最复杂的一种相对数。按照所包括的不同商品种类，分为单项商品价格指数、分类指数和总指数。目前，政府统计部门编制的价格指数有农产品生产者价格指数、工业生产者购进价格指数、工业生产者出厂价格指数、固定资产投资价格指数、住宅销售价格指数、农业生产资料价格指数、居民消费价格指数和商品零售价格指数。其他机构编制的价格指数有中国指数研究院编制的中国房地产系统百城价格指数和农业部编制的全国农产品批发价格指数等。

1.2.1 全国居民消费价格指数的编制情况

居民消费价格指数，是反映一定时期内居民所消费商品及服务项目的价格水平变动趋势和变动程度的相对数，其变动率在一定程度上反映了通货膨胀（或紧缩）的程度，运用该数据，可以研究价格变动对社会经济和居民生活的影响，满足各级政府制定政策和计划、进行宏观调控的需要，并为国民经济核算提供科学依据。

居民消费价格指数的前身叫职工生活费用价格指数，我国从 1951 年开始编制，直至 1993 年，1994 年改称居民消费价格指数。20 世纪 80 年代及以后，国家统计部门对价格指数的编制方法进行了一系列改革，在编制周期、调查范围、调查项目和分类、计算方法等方面均有大幅度的改革举措。例如，1985 年，职工生活费用价格指数编制周期由季度缩短到月度；1994 年，职工生活费用价格指数改称居民消费价格指数，并与商品零售价格指数实行分编；2001 年，编制方法实现与国际接轨。2001 年居民消费价格指数编制方法改革主要体现在以下几个方面：一是采用新的计算公式，将原来加权算术平均公式改为链式拉氏公式，解决了长期存在的环比指数与同比指数的逻辑关系问题；二是增加了新的统计调查项目，将居民新的消费热点如汽车、移动电话机、成人教育费用等纳入指数范畴，调查项目由 325 种增加到 600 余种；三是大类指数从按行业划分改为按用途划分，每个大类中，既包含消费商品，也包含服务项目；四是固定基期，将每月变动对比基期改为固定对比基期，首轮定为 2000 年，以后每 5 年更换一次；五是增加新的价格指数系列，增加固定基期和以上年 12 月为基期的指数。经过

2006 年、2011 年两次基期轮换，居民消费价格指数在基本分类名称、权数计算方面有少许变化外，调查方法、计算方法等大框架仍然与 2001 年保持相同。一直以来，我国不仅有全国居民消费价格指数，还有分省市居民消费价格指数，这是与世界很多国家的不同之处，全国居民消费价格指数是在分省市基础上按居民消费支出金额加权平均计算。

目前，我国的居民消费价格指数按用途划分为 8 个大类，包括食品、烟酒及用品、衣着、家庭设备用品及维修服务、医疗保健和个人用品、交通和通信、娱乐教育文化用品及服务、居住等。根据全国近 13 万户城乡居民家庭的消费习惯，在 8 大类下设置中类、小类和基本分类，共 262 个基本分类，每个基本分类下有 1 至若干个代表规格品，共 600 余种。

权数代表居民消费商品和服务项目的价格变动在总指数形成中影响程度的指标，根据居民家庭消费支出数据计算，并辅之以典型调查和专家评估补充和完善。目前，我国居民消费价格指数中的权数随基期轮换，每 5 年更新一次。随着我国居民收入水平和消费水平的提高，居民消费构成发生很大变化，吃、穿类占比呈下降趋势，交通和通信、娱乐教育文化用品及服务等用类，以及居住类占比呈上升趋势。2011 年基期轮换后，食品类权数在 30% 左右，居住类权数在 20% 左右。

代表规格品的选择要遵循如下原则：消费量较大；价格变动趋势和程度有较强代表性；选中的工业消费品必须是合格产品，产品包装上有注册商标、产地、规格等级等标识。

调查点的选择由调查市县抽选确定。把调查点按照商场（商店）、农贸市场、服务网点划分为 3 类，按照销售额、成交额和经营规模，从高到低排队，然后根据所需调查点的数量进行等距抽样，要做到大中小型兼顾以及分布合理。

价格调查方法是定人、定点、定时直接调查。调查原则是：同质可比；采集实际成交价；在调查频率方面符合相关规定。

居民消费价格指数计算流程如下：第一步，计算代表规格品平均价格；第二步，计算代表规格品月环比指数；第三步，采用几何平均法，计算基本分类月环比指数；第四步，以居民消费额为权数，计算月环比小类、中类、大类和总指数；第五步，采用链式拉氏公式，计算定基指数；第六步，利用不同时期的定基指数，换算出同比指数和累计指数。

1.2.2 全国农产品批发价格指数编制情况

根据农业部农业信息网解读，全国农产品批发价格指数是一个包括全国批发价格个体指数、农产品小类批发价格指数、农产品大类批发价格指数和全国农产品批发价格总指数的指数群。1995 年，农业部建立了全国农产品批发市场信息网，目前，该网每天收集 500 家批发市场、489 种农产品的价格信息，通过该网络平台向社会发布。为全面系统地反映全国农产品批发价格的总体变动水平、变动幅度、变动规律和变动趋势，更好地发挥全国农产品批发市场信息网价格信息的作用，农业部组织相关部门和专家对全国农产品批发价格指数展开研究，使全国农产品批发价格指数能够更加及时、准确、全面地反映全国批发价格的变化情况。这一研究成果，就是 2005 年 11 月 11 日起每天在中国农业信息网和《农民日报》等媒体上发布的"全国农产品批发价格指数"。

1.2.2.1 编制过程及方法

根据农产品批发市场的现状和未来发展趋势，全国农产品批发价格指数在保证现实需要、兼顾现有信息采集条件及指数编制理论和方法的基础上，主要内容包括各品种全国批发价格个体指数、农产品小类批发价格指数、农产品大类批发价格指数和全国农产品批发价格总指数。这些指数从个体到类综合，再从类综合到整体农产品的总综合，从而形成逐步综合的农产品批发价格指数体系。

1.2.2.2 选择采价点

我国农产品批发市场多、交易品种多，从现实的可能性和成本考虑，全国农产品批发价格指数采用根据样本数据的统计方法进行编制价格指数，进而推断全国农产品批发环节中的总体价格水平。需要在全国所有从事农产品批发业务的市场中选择具有代表性的市场作为样本，参与指数的计算。从指数的代表性要求来看，样本市场的选择既要考虑市场在地区分布上的合理性，又要考虑市场的地区代表性，同时还应兼顾取得统计数据的可能性和统计成本等问题。

1.2.2.3 选择样本品种

我国农产品批发交易品种多，但经常交易的农产品主要是粮食、植物油、蔬菜、水果、畜产品和水产品等小类。我国地域广阔，地区间交易品种差异较大，各个小类样本品种的选择必须考虑地区覆盖面、类别代表性和现实信息采集可能性。经过综合评估、筛选，各小类样本品种分别确定为：粮食样本品种 5 种，食油样本品种 4 种，蔬菜样本品种 26 种，水果样本品种 7 种，畜产品样本品种 5 种，水产品样本品种 5 种。

1.2.2.4 确定基期及权数

为保证指数的可比性，使其能准确反映农产品批发价格的变动趋势，指数计算应有一个相对固定的基期。就我国农产品批发市场而言，稳定性是指基期农产品批发价格数据来源相对比较稳定、齐全，数据质量较高。基于以上考虑，研究组将 2000 年各有关品种的全年平均价格作为指数计算的基期价格。农产品批发价格指数采用帕氏指数编制方法。关于权数的确定，就目前的信息采集状况，尚无法及时取得各市场实际批发成交量资料，因此主要利用其他相关资料（如市场成交额和产量等）进行推算和估计，以得到与各品种实际交易量比重尽可能一致的一组权数。

1.2.3 国内低收入居民基本生活费用价格指数研究现状

2008 年，国家统计局提出研究建立城镇居民基本生活费用价格指数制度。国家统计局在 2009 年发布的《CPI 编制工作的未来发展方向》中也提到，编制能够反映居民基本生活必需品和服务的价格指数是十分必要的。从此，全国各省市陆续开展基本生活费用价格指数编制方法的研究。

从资料公布情况看，浙江省编制的低收入居民基本生活费用价格指数是国内最早的相关指数研究实践，国家统计局浙江省调查总队对居民基本生活费用价格指数进行了比较全面的研究，从基本分类的确定、代表规格品的确定、调查网点抽选、权数的设置、价格采集和指数计算六个方面论述了基本生活费用价格指数的编制方法。关于基本分类及代表规格品的确定，浙江省根据 10% 低收入居民消费支出的主要商品和服务项目，参考低保家庭的主要消费支出项目，再结合选择代表规格品的基本原则，将 150 个以上的代表规格品放入调查规格目录，权数资料也来源于 10% 低收入居民家庭的消费支出数据。对于哪些代表规格品属于居民基本生活费用的范畴做了一些原则性的定义，即代表性、合格和同质可比。但这三项只是价格指数中代表规格品的选择原则。同样在调查网点的选择上，浙江省也只是提出了抽样原则、地域性原则、规模原则和数量保证原则。我们认为这些原则并非特别针对基本生活费用价格指数编制的，只是一般的价格调查原则。在计算方法上，浙江省完全沿用了居民消费价格指数的计算方法。总体而言，浙江省编制的低收入居民基本生活费用价格指数完全是针对低收入家庭的一种价格指数，编制方法缺少理论上的明确规定，故不适合大范围推广。

山东省针对居民基本生活费用价格指数也提出了整套的指数体系和统计方法，但在选择代表品、采价点和确定权数等方面，采用的是一次性抽样调查的数据。山东省对低收入居民进行了一次性抽样调查，通过了解居民家庭的收支情况、消费支出构成和购买商品的档次、价位、场所、时段等消费行为和习惯来选择代表品、采价点，确定权数，最终确定了 85 个基本分类、150 多种商品作为规格品。山东省认为，由于现行居民消费价格指数调查方案中调查点的选择偏重于居民日常消费的中高档消费场所，与城镇中低收入居民消费行为和习惯存在较大差异，因此必须重新选择价格调查点。应根据城镇低收入居民一次性调查资料，将其经常光顾的商场（店）、超市、农贸市场、服务网点作为新的采价点。在权数确定上，山东省根据一次性调查资料中低收入城镇居民的消费结构来确定权数，辅以城镇住户调查 20% 的低收入居民家庭消费支出构成或由专家评估补充和完善。但采用一次性调查的数据为依据，调查数据无法得到及时的更新。若要时时更新数据，又必然要耗费大量的资源。在抽样入户调查中，居民有隐瞒真实收入水平和消费水平的倾向，这必然影响调查数据的真实性。总体上，山东省的编制方法也偏向于低收入居民。我们认为生活必需品并非只有低收入居民在使用，而应该是社会各阶层消费者都在消费的商品和服务，应该具有普遍性。

1.3 研究内容

价格指数作为一种新的价格监测工具，拓展了价格监测的范围和领域，支持和完善了价格监测预警系统，大大提升了价格监测的应用价值。

北京市生活必需品领域价格指数编制工作具体目标为：制订北京生活必需品领域的价格指数编制方案，确定指数的编制周期，分别编制农产品批发价格指数周报、旬报和月报以及生活必需品价格指数旬报和月报，及时反映生活必需品价格变动趋势和程度。此外，对食品类和居住类下房租指数编制进行实证分析。具体研究工作包括：评估监测数据；方案设计；确定权数；测算指数；结果比较；修正方案；提出信息化需求；编制程序；程序测试和修改完善等等。

经过一年多方法探索和实证调研分析，我们建立了农产品批发价格指数和生活必需品价格指数指标体系，确定了监测内容及分类，选择了代表规格品和监测点，搜集了大量权数资料，并进行权数计算，计算和汇总了各类价格指数。其中，农产品批发价格指数包括 7 大类、21 个基本分类和 81 个代表规格品；生活必需品价格指数包括 8 大类、29 个中类、101 个基本分类和 269 个代表规格品。根据对现有数据质量的分析和实地调研，着重对农产品批发价格指数以及生活必需品价格指数中的食品类、居住类下房租指数进行了测算和评价。从最终的指数测算与结果评价看，指数对北京市生活必需品价格变动的整体趋势具有很好的代表性，数据真实反映了北京市生活必需品短期价格波动状况，为市场价格变动和供需分析提供了有力的数据支持。

研究中，我们注重兼顾科学性和可操作性，在详细论证与专家咨询的基础上，开展了大量的调查研究工作，深入农产品批发市场、超市、商场、农贸市场、房地产中介等调研，搜集农产品批发市场成交额、市外销售额，生活必需品零售环节的销售额、房租成交价、成交量，以及北京市城镇居民人均消费支出等数据。经过反复试算，最终确定农产品批发价格指数采用变动权数，即以报告期成交额为权数；生活必需品价格指数采用固定权数，即以前期居民消费支出构成为权数，辅之以典型调查数据进行补充完善，今后根据实际情况变化再行调整。农产品批发价格指数编制完成后，为促进和提高基层基础数据质量，制订了《北京市农产品批发价格监测数据评估办法》，以提高价格监测数据质量。在生活必需品领域价格指数编制过程中，我们认真学习价格统计理论和方法，并运用到价格监测实践中，最终收获了研究成果。

1.4　主要特点及创新

生活必需品领域价格指数，是反映一定时期内居民生活必需品和服务价格水平变动趋势和程度的相对数。稳定生活必需品价格水平，是政府部门的一项重要工作，也是社会各界和百姓长期关注的焦点。在此之前，生活必需品领域价格指数是一项空白，尤其缺乏反映农产品批发环节价格变化的指数。虽然价格监测部门掌握的原始价格数据比较丰富，但未经分类整理，数据显得零散，也无法进行深度分析和开发利用。在生活必需品领域价格指数研究与应用中，我们牢固树立"一个坚持，一个注重，一个突出"的理念，将理论与实践结合起来，将学习与创新结合起来，将新理念与新举措结合起来，在借鉴已有成果的基础上，具体问题具体分析，编制出具有科学性、实用性和时效性的价格指数，从而探索出一条为价格监测工作服务的新路。本书的主要特点及创新点如下：

1.4.1　坚持科学性

编制生活必需品领域价格指数，一定要遵循价格统计的各项原则和要求，要具有科学性。一是提高价格指数的代表性和可比性。价格监测是一种抽样调查，样本的质量、数量和分布，决定和影响着抽样误差。为减少抽样误差，提高数据质量，在选择价格监测点时，我们充分考虑市场份额、布局等因素，农产品批发市场选择了新发地、岳各庄、玉泉路等 10 家市场，其占全市成交额比重达 80% 以上，零售环节的价格监测点全覆盖 16 个区县。在选择代表品时，将大宗成交的农产品和消费量大的商品分别列入监测目录。在采集、整理价格数据时，我们注意到价格数据要同质可比，数据要来源于相同的价格监测点。上述做法，从操作层面保证了价格指数的科学性。二是根据不同种类商品价格变化的特点，选择不同的加权综合价格指数公式。在编制农产品批发价格指数时，考虑到农产品多为鲜活商品，鲜活商品易受季节因素的影响，价格波动频繁，成交额及结构变化明显，例如，2014 年各月蔬菜类成交额占比最大相差 5 个多百分点，水果类成交额占比最大相差近 10 个百分点。因此，我们选用帕氏综合公式，即采用报告期成交额为变动权数。在编制生活必需品价格指数时，考虑到该指数覆盖范围广，各类消费支出构成相对稳定，选用的是拉式综合公式，即采用基期消费额为固定权数。三是采用不同的价格比较方法。对农产品批发价格指数，代表规格品相对稳定，可比性较好，同比指数的计算直接用报告期价格与基期价格进行比较；对生活必需品价格指数，由于工业消费品更新换代快，规格变化多，一年同比的可比性很差，所以基本分类以上的同比指数采用 12 个月环比指数连乘进行推算。

1.4.2　注重实用性

研究的目的是应用。编制生活必需品领域价格指数，不是为了束之高阁，而是为了更好地解决价格监测工作中面临的新问题，为政府部门进行价格调控提供数据依据，所以一定要注重实用性。在制度创新方面，我们推出了新举措。根据价格监测工作的需要，在前期调研和制订方案时，充分考虑需要与可能，对原有类别进行调整，增加了新的分类。如农产品批发市场上报的肉禽蛋数据原划分为肉和禽蛋两类，我们重新调整为肉禽类和蛋类，并对成交额数据进行了相应的拆分和调整；再如对蔬菜类，增加了果菜、叶菜、其他 3 个细分类，将 8 种大路菜提取出来作为一个分类，以便于对消费量大的鲜菜价格进行重点监测。

1.4.3　突出时效性

农产品中鲜活商品多，价格易受季节因素影响而频繁波动。我们编制的农产品批发价格指数要能够迅速捕捉价格变动信息，掌握第一手资料，及时反映农产品的价格波动，尽早发现苗头性和趋势性的问题，突出时效性尤为重要。为此，我们把农产品批发价格指数编制周期确定为周报、旬报和月报，把生活必需品价格指数编制周期确定为旬报和月报，以更好地满足价格监测工作的新需求。在程序设计上，上述两种指数均可以实现计算月初到报告日与上年同期比较的价格指数，例如，4 月 25 日当天可以计算 4 月 1 日至 4 月 25 日与上年同期比较的指数，可以作为 4 月份预计数据使用，从而做到了反应迅速、方便灵活、时效性强。

价格指数编制

价格指数作为反映经济运行情况变化的重要经济指标，一直是社会关注的热点和焦点，受到政府、企业、百姓各个层面的广泛关注。随着社会经济的发展、社会各界认知程度的提高，以及政府统计部门宣传力度的加大，价格指数应用范围越来越广泛，其应用价值越来越受到重视。本章首先对价格指数进行概述，然后介绍价格指数编制的理论和基本方法，最后介绍价格指数编制的基本流程。

2.1 价格指数概述

2.1.1 价格指数的概念及分类

2.1.1.1 价格指数的概念

一般意义上，价格指数是反映一定时期内相同产品（商品）或者服务价格水平变动情况的相对数，它对某一时期的价格水平同另一时期的价格水平进行比较，描述了价格变动轨迹，可以综合反映价格变动趋势和程度。价格指数可以反映供给和需求的对比关系，提供经济运行过程中的更为详细的信息。其中，价格和权数是价格指数的两个重要因素。价格不仅包括狭义的物质产品价格，也包括劳动以及要素价格等广义价格。权数的确定是价格指数编制的重点和难点，权数是否合理直接影响价格指数的内在质量。

价格指数，从某一时点（或报告期）来看，描述了从某一基期到该时点的价格变动情况，是该时点相关商品或要素的综合经济信息的反映。从多期或者说从整个时序来看，价格指数可以用来分析和研究较长时期商品和要素价格的变化规律，随着价格指数资料的累计，其参考应用价值会愈大。

2.1.1.2 价格指数的分类

依据一个国家或者地区的经济发展水平和经济结构特点，可以编制和公布多种价格指数。参照不同的标准以及角度，价格指数可以分成以下不同类别。

（1）依据价格指数编制的时间频率，可以分成日度价格指数、月度价格指数、季度价格指数、半年价格指数以及年度价格指数。日度价格指数通常是由于价格变动频繁，如每天公布的股票价格指数。若不关注间隔较短的价格波动，则可以编制较长时期的价格指数，如具有代表性的月度消费者价格指数，以及更长时期的季度或年度 GDP 价格指数（又称为 GDP 平减指数）。

（2）依据价格指数编制的地区范围，可以分为全国性价格指数，省、自治区等地区价格指数，城市价格指数以及农村价格指数。本书所研究的即为地区价格指数。

（3）依据价格指数中产品（商品）和服务所处社会再生产环节的不同，可以分为消费者价格指数（CPI）、生产者价格指数（PPI）、进出口商品价格指数等。

（4）依据价格指数所涉及商品或要素的不同，可以分为工业品价格指数、农产品价格指数以及服务项目价格指数等。此外，还有股票、期货、国债及基金等与金融相关的价格指数。某一行业的价格指数还可以根据商品或要素不同进一步细分，以房地产行业为例，其价格指数的细分类就包括土地价格指数、房屋销售价格指数、房屋租赁价格指数、物业费用价格指数。

（5）依据价格指数所涵盖商品或服务的范围大小，可以分为单项价格指数、类指数以及总指数。单项价格指数反映某个商品或某项劳务在两个不同时期价格水平的变动情况。类指数是某种类别商品或服务的两个不同时期价格水平相对数。总指数反映的是全部商品和服务的价格总水平的变动趋势和程度。

（6）依据基期选择的不同，价格指数分为定基价格指数和环比价格指数。定基价格指数是以某个固定时期为基期，而环比价格指数则以报告期前一时期为基期，如月距环比价格指数和年距环比价格指数。

本书对生活必需品领域价格指数的编制包括基本分类指数、中类指数和总指数的编制，涉及如下相关概念：

（1）代表规格品。简称"代表品"。在编制价格指数时不可能也没必要把全部商品都纳入指数计算，因此，要选择一部分价格变动趋势和幅度有代表性、消费数量较大、供应相对稳定、价格易于采集的商品作为基本分类下的代表规格品，借以反映该基本分类内全部商品的价格变动趋势和程度。代表规格品的平均价格和价格变动率是基本分类价格指数计算的基础。

（2）基本分类及相关指数。由具有同一属性的代表品直接构成的最小分类为基本分类，基本分类价格指数是基于代表规格品的价格计算而来。

（3）中类及相关指数。由基本分类直接构成的分类为中类，而中类对应的价格指数为中类指数，它是由基本分类指数的加权平均计算而来。

（4）大类及相关指数。处于总指数下一级的分类指数为大类，它由中类直接构成。大类环比指数由中类环比指数加权平均计算而来。

（5）总指数。最上层的分类为总指数，比如本书实例中的北京市农产品批发价格指数、北京市生活必需品价格指数即为总指数。

（6）指数体系。代表品价格变动率、基本分类指数、中类指数、大类指数和总指数共同构成了指数体系。

（7）辅助监测指数。指数体系之外，不用于计算上层指数，仅用于监测用户需要的特定商品的价格指数。

（8）权数（又称权重）。广义上，权数是针对某一指标的一个相对的概念。某一指标的权数是指该指标在整体评价中的相对重要程度。在价格指数中，通常采用可以反映各类商品在经济生活中的地位的同度量因素为权数进行加权价格指数计算。一组价格指数体系对应的权数构成了权数体系。

2.1.2 价格指数的功用及编制意义

价格指数作为社会经济指数的重要组成部分，是表明社会经济现象变动的一种相对数，可以动态反映商品或服务价格变动的趋势和变动程度。因此，无论是对在宏观调控还是微观监测，价格指数都具有非常重要的功用。

2.1.2.1 从宏观层面看，价格指数反映了宏观经济运行状况，为宏观调控决策提供了参考

（1）价格指数是宏观经济部门进行调控的依据和目标。在市场经济环境下，从长期来看，价格稳定是最重要的政策目标之一。而价格稳定的政策目标与其他如经济增长、充分就业和国际收支平衡等政策目标息息相关。具体说，价格稳定是指价格水平不发生显著或者急剧的波动，价格总水平呈一种相对稳定的状态。通货膨胀则表现为总价格水平的持续上升趋势。通常，保持价格稳定是将通货膨胀控制在一个较低的水平。而更一般地，价格稳定既包括抑制通货膨胀，也包括防止通货紧缩。当前世界大部分国家采用通胀目标制。通货膨胀常会选择消费价格指数（CPI）进行衡量。当价格指数持续上升，可能预示宏观经济过热，如果价格指数持续下跌，可能是经济萎缩的信号。因此，进行宏观调控的政府决策和

管理部门应该密切关注价格指数的动向，分析其所传递的信息，以支持未来政策的制定和实施。

（2）价格指数是国民经济发展的科学度量工具，也是宏观政策实施效果的有效评价手段。首先，在国民经济宏观核算中，要正确反映国民生产总值、国民收入等经济指标及其发展动态，需要通过价格紧缩指数或者价格缩减因子去消除价格变动的影响。在商品流通费用变动趋势和程度的考察分析中，不仅要通过价格指数剔除商品销售额中价格变动的影响，而且要剔除流通费用额中价格变动因素的影响。其次，在宏观政策实施效果的评价中，要科学分析货币政策和财政政策的实施情况，而以经济稳定、经济发展、公平分配以及平衡预算为目标的财政政策中，经济稳定的重要组成部分即为价格稳定，同时货币政策也以价格稳定为主要目标，因此，货币政策和财政政策的实施效果可以通过价格指数的波动进行监测和评价。

2.1.2.2 从中微观层面看，价格指数是产品及产业结构调整的依据，可为企业和个人决策提供有益参考

价格指数可以从不同层次（如基础分类、中类等）反映商品和服务的价格涨跌变化与结构关系，有利于把握产品及产业结构状况，为我国经济结构改革提供依据。此外，由于价格指数反映了价格水平变动的方向、幅度以及规律，企业和个人可以参照报告期、前期历史数据以及预期价格指数进行投资经营决策，从而实现经济利益最大化。这在客观上可以促进资源的流动，实现资源的优化配置。例如，在高通货膨胀的经济环境中，各种资源的相对价格不断变化，企业和个人应密切关注价格水平的变化。特别在通胀严重时，通常人们会增加消费，减少储蓄，企业和消费者的投资决策和消费决策行为倾向短期化。因此，价格指数可以作为企业和个人进行微观经济决策的重要参考指标。

总体来说，价格指数编制以及基于价格指数的监测与预警分析，对于经济的发展以及微观经济决策和宏观调控都有重要的作用。以金融市场为例，目前股票、国债和证券投资基金三种主要金融商品类别的价格指数体系，为政府决策部门、管理部门和投资者从总体以及各个方位监测金融市场的运行态势和运行规律，从而制定相应的政策与投资决策提供依据，都具有重要的理论意义和现实价值。

本书着眼于北京市生活必需品领域，从微观市场出发，构建农产品批发价格指数、生活必需品价格指数，可以及时、准确地反映北京市居民基本生活状况中重要因素的变动趋势和变动幅度。基于此，可以从品类和区域等维度，分析价格结构性上涨的变动原因及其未来价格整体走势，一方面适应了新形势下北京市政

府宏观调控和价格监管工作的需要，另一方面为北京市政府制定价格改革和价格调控政策提供有针对性的数据支撑和研究分析。

2.2 价格指数编制理论方法

价格指数理论体系主要包括以下内容：一是研究价格指数具体编制方法及分析价格指数性质的统计理论；二是利用数学工具对价格指数问题进行形式化或者公理化处理的形式理论或者指数检验理论；三是分析价格指数在经济学中的内涵与经济解释的经济理论。随着价格指数研究思路和方法的不断更新，价格指数理论逐渐成熟和丰富。本书选择常用且易操作的统计理论方法进行价格指数编制，并对价格指数性质进行分析。下面详细介绍具体价格指数公式的演进历程以及价格指数的偏误和检验。

2.2.1 价格指数公式演进

价格指数的编制主要是从指数权数的选择以及指数形式的确定展开的。随着价格指数理论的发展，产生了各种各样的价格指数形式。概括来讲，价格指数公式的形式包括简单平均指数公式、加权指数公式以及交叉对偶指数公式三代。其中交叉对偶价格指数主要基于价格指数偏误理论以及价格指数检验理论，是第二代加权价格指数的衍生物。下面详细介绍这三种价格指数形式。

2.2.1.1 简单平均价格指数公式

简单平均指数通常被称作未加权指数，主要依据统计方法中的各种平均数计算方法，直接计算商品的单位价格，而不涉及商品的数量资料。简单指数法的价格指数在形式上最简单，但由于未考虑各商品和服务在经济生活中的地位，经济内涵不足。

按照具体计算公式的不同，简单价格指数主要分成两类，分别为基于位置平均数的价格指数和简单平均数形式的价格指数。其中，位置平均数法主要包括简单中数法和简单众数法。简单平均数的价格指数计算方法又分成简单算术平均法、简单调和平均法、简单几何平均法。

为了叙述方便，下面公式中 K 表示价格总指数，P_0 为基期商品价格，P_1 为报告期商品价格。

（1）位置平均数法

1）简单中数法。简单中数法是以中位数作为商品单项价格指数的平均数，主要是将各单项商品价格指数按从小到大的顺序排列，取中位数作为总的指数。

该计算方法受数列中间项目数值变动影响较大，缺乏稳定性，但是不易受到中位数两侧数据的影响，灵敏度低。

2）简单众数法。简单众数法是以商品价格指数中的众数，也即出现次数最多的作为总价格指数，在单项价格指数项数较少的情况下，指数的分布不易产生众数。另外，单项价格指数项数较多时，众数指数缺乏平均性，灵敏度低。

鉴于位置平均数法要么容易受到部分数值变动的影响，要么在指数数据较少时不易产生，并缺乏平均性，故该方法在实际的价格指数编制中使用较少。因此，本书未采用该方法进行各类价格指数的编制。

（2）简单平均数价格指数

1）简单算数平均法。简单算数平均方法是由意大利人卡利（Carli）在 1764 年提出的，故又称之为卡利（Carli）指数。它是将各种商品在报告期和基期的比值进行算数平均。其具体的计算公式为 $K = \frac{1}{n} \sum \frac{P_1}{P_0}$，其中 n 为商品的个数。该方法实际对每个商品赋予了同样的权数。

2）简单调和平均法。简单调和平均法是根据商品单项价格指数，按照调和平均算法计算的，等于各项价格之比的算数平均的倒数。其计算公式为：

$$K = \frac{1}{\frac{1}{n} \sum \frac{P_0}{P_1}} = \frac{n}{\sum \frac{P_0}{P_1}}$$

3）简单几何平均法。简单几何平均法是先计算各个商品在不同时间上的价格之比，再计算这些价格之比乘积的 n 次方根，根据商品单项价格指数，按照调和平均算法计算的，等于各项价格之比倒数的算数平均的倒数。其计算公式为：

$K = \sqrt[n]{\prod_{j=1}^{n} \frac{p_{1j}}{p_{0j}}}$。在商品较多时，需要计算 n 次方根，为了方便起见，通常采用取对数的方法。由于这种计算方法在商品数目众多的情况下，需要进行对数处理，一定程度上会损失计算精度。

对比算数平均法和几何平均法，两种方法各有优劣。在实践中，在仅有商品价格、无商品销售数量或者销售金额的情况下，一般采用几何平均方法。另外，由于几何平均方法可以反映同增或者同减的同方向变动的商品价格，在价格变动方向不同时，会与实际有较大差异。因此，几何平均公式被广泛应用于初级产品价格指数的计算中。在经济意义的合理解释性方面，由于价格变动与实际的商品流转额密切相关，而个体经济现象通过数量汇总得到总体的经济现象，因此，算数平均法在该方面相对更具有明确的经济意义。

综合考量各方法的适用性，本书中基本分类的环比价格计算采用几何平均方法。这主要基于两方面的考虑，一方面不考虑销售数量以及金额等因素，另一方面基本分类内的商品价格变动方向基本一致。

2.2.1.2 加权价格指数公式

加权指数法采用同度量因素，也就是权数进行计算，可以反映各类商品在经济生活中的地位，更加贴近经济现实。相对综合价格指数来说，可能的权数有基期的消费量 q_0 和报告期的消费量 q_1，对位置平均数而言，不同的权数有 p_1q_0、p_1q_1、p_0q_1、p_0q_0 四种。由于加权价格指数形式众多，本节主要介绍加权综合指数方法和加权平均指数方法。

（1）加权综合指数方法

加权综合指数方法结合了商品以及服务的重要性和影响程度来考察价格的变动过程，主要是以物量作为同度量因素（权数）。根据价格弹性理论，商品价格上涨，会使人们减少该商品的消费而转向相关可替代品，使得该商品的消费减少，销量降低。这表明价格与消费量的变化是相互影响的，因此，综合商品的消费结构进行价格指数计算是符合现实的。

加权综合指数方法又分为常数加权综合法和变数加权综合法。

1）常数加权综合法。1864 年德国统计学家拉斯贝尔（E. Laspeyres）提出用基期消费量作为权数计算总指数，该方法故而得名"拉氏公式"。其反映了按照基期的消费量，因为价格的变化，报告期所需要支付金额的变化率。其计算公式为：$K = \dfrac{\sum p_1q_0}{\sum p_0q_0}$。由于拉氏公式将同度量因素固定在基期水平上，因此也称之为基期综合指数。

2）变数加权综合法。1874 年德国统计学家帕舍（又译为派许，H. Paasche）提出了用报告期的消费量加权进行总指数的计算的方法，这个公式被称之为帕氏公式（又称"派氏公式"）。其计算公式为：$K = \dfrac{\sum p_1q_1}{\sum p_0q_1}$。由于帕氏公式将同度量因素固定在报告期水平上，因此也称之为报告期综合指数。

帕氏公式计算的指数，使用报告期的消费量作为权数来将商品价格的变动以及消费结构的变动都包含进来，因此既可以考察商品价格变动的影响，也可以考察消费变动的影响。

（2）加权平均指数方法

用加权平均方法计算价格指数是由英国的阿瑟杨格（Arthur Young）首次提出的。加权平均指数方法是在计算单项商品价格指数的基础上，以商品销售额为权数进行加权平均计算总指数。由于商品销售额包括价格和销售量两个因素，依照时间的选择不同，价格和销售量都有基期和计算期的区别，因此，商品销售额权数可以有四种排列组合：p_1q_1，p_1q_0，p_0q_1，p_0q_0。加权平均指数的计算方法较为常用的有加权算术平均法和加权调和平均法。

本书对农产品批发价格指数编制过程中，基本分类的成交额为代表品的报告期成交额之和，但大类以及总类指数的构建采用以总成交额比例为权数的加权平均指数方法。选择总的成交额为权数，主要是避免权数计算受到类内代表规格品数量选取多少的影响。另外，根据数据资料的可得性，分别选用报告期以及基期的值作为权数。其中，当数据资料可以较快获取时，可以采用报告期的销售额，并选用帕氏公式，如农产品的大类指数计算即为基本分类的报告期的成交额。当数据可得性较差时，可以采用基期数据加权的拉式公式。

2.2.1.3 交叉价格指数公式

在进行两期价格水平的比较中，第二代加权价格指数选取的权数仅与对比时期的某一个时期相关，不同的指数公式对同一经济现象的价格水平描述，也即价格指数的计算结果各异。因此，综合考虑两个时期的权数资料，可以克服上述的缺陷，而这也是第三代交叉指数公式发展的基础。总体来说，第三代价格指数是对加权指数法的调整形式，其中调整的方法主要是对不同的权数进行再平均。

（1）权交叉指数

权交叉价格指数，指的是在编制价格指数的过程中，综合考虑两个时期的物量或价值金额的权数资料。这种交叉权数对于价格比较的两个时期中立，也即当调换交叉权数中的时期后，两个权数保持一致。这样的权数有多种，如 $\dfrac{q_0+q_1}{2}$，q_0q_1 等。例如，第一种交叉权数为 $\dfrac{q_0+q_1}{2}$ 的价格指数，计算公式为：$K = \dfrac{\sum p_1\left(\dfrac{q_0+q_1}{2}\right)}{\sum p_0\left(\dfrac{q_0+q_1}{2}\right)}$。该指数由马歇尔（Marshall）和埃奇沃思（Edgeworth）分别在 1887 年和 1925 年提出，因此也被称为马歇尔-埃奇沃思（Marshall-Edgeworth）价格指数。第二种为交叉权数为 q_0q_1 函数的价格指数，计算公式为：$K = \dfrac{\sum p_1(q_0q_1)^{\frac{1}{2}}}{\sum p_0(q_0q_1)^{\frac{1}{2}}}$，该指数是由沃尔什（G. M. Walsh）在 1901 年提出，因此又称为沃尔什价格指数。

（2）型交叉指数

型交叉指数，主要是将两个不同的第二代加权价格指数进行某种形式的平均而得到新的价格指数。以拉式价格指数与帕式价格指数为例，分别进行简单几何平均和简单算术平均可以得到两种不同的新的价格指数计算公式。

第一种为简单算术平均的 Drobish 价格指数，计算公式为：

$$K = \frac{1}{2}\left\{\frac{\sum p_1 q_0}{\sum p_0 q_0} + \frac{\sum p_1 q_1}{\sum p_0 q_1}\right\}$$

该指数由英国人卓比士（Drobish）在 1871 年提出，因此又称之为 Drobish 指数。

第二种为简单几何平均的"理想价格指数"，该指数由美国经济学家沃尔什（G. M. Walsh）和庇古（A. C. Pigou）在 1901 年和 1912 年先后提出，后经统计学家费舍尔（Irving Fisher）比较验证了其所具有的优越性，将其命名为理想指数，也称之为费舍尔理想指数，或费氏指数。理想指数是对拉式指数和帕氏指数的几何平均，计算公式为：

$$K = \sqrt{\frac{\sum p_1 q_0}{\sum p_0 q_0} \times \frac{\sum p_1 q_1}{\sum p_0 q_1}}$$

由于相比加权平均指数，交叉价格指数不易进行经济解释，同时在数据资料的可获取性方面，当报告期数据不可得时，也无法进行交叉价格指数的计算，因此本书未采用交叉价格指数进行价格指数的编制。

以上是价格指数公式的三种主要演进形式，可以根据构建价格指数的目标以及数据资料特点和价格指数层次选取不同的价格指数公式形式。

2.2.2 价格指数的偏误和检验

由于不同价格指数编制方法的计算结果存在差异性，逐渐发展产生了价格指数的偏误理论。从数据来源或监测方案设定部分产生的偏误主要包括新产品替代偏误和商品质量偏误。从价格指数编制形式设定而产生的偏误主要包括型偏误和权偏误。型偏误和权偏误主要是从指数公式以及权数的设定两方面分别进行分析得到的。

下面首先介绍在价格指数编制过程中出现的新产品替代偏误以及商品质量偏误。举例来说，在编制 CPI 的过程中，如果没有处理好商品的替代问题、质量调整、新产品替代、销售渠道替代以及低层汇总问题，会使得消费者价格指数出现偏差。其中，新产品偏误是指新产品产生后没有能够及时进入消费者价格指数的统计调查范围，从而对 CPI 产生的影响。虽然我国 CPI 权数会每年微调，五年大变动，但仍会出现新产品偏误问题。商品质量偏误是指编制价格指数所选取的代表品的质量随着时间的演进而不断发生变化，如果单纯从这些商品的价格考虑进行价格指数编制，会对价格指数的真实性产生影响。目前对于商品质量的调整，通常采用纯样本匹配法。例如，商品的包装发生变化，可通过价格换算成统一口径进行价格比较；若产品发生变化或者产品已不存在，可以通过主观判断选取最相似的商品进行替代，并做价格调整。

此外，从另一角度来看，美国统计学家费舍尔（Irving Fisher）认为偏误可以分成型偏误和权偏误两种类型。型偏误是指根据同一经济资料，由于采用不同形式的指数公式计算所产生的价格指数在数值上的差异。例如采用算数平均进行价格指数计算和采用调和平均进行价格指数计算会导致计算结果存在差别。存在型偏误的价格指数一般不符合时间互换的检验。权偏误是指由于选用的权数不同，价格指数计算结果出现的数值上的差异，根据价格指数检验理论，权偏误的价格指数通常不满足因子互换检验。

价格指数在几百年的演进历程中不断发展和完善，如何评判这些指数计算方法的优劣，发展出了很多评价准则，具体包括以下几个方面：一是平均性。由于价格指数是进行综合比较分析，代表了个体价格变动的总体平均水平，因此具有平均数的性质。平均性是价格指数好坏的一个衡量标准。任何一种指数的计算公式应该处于个体变动的区间之内。二是综合性。价格指数并非只是一个抽象化的代表数值，而应具备实在的经济含义，来表示价格的总体变动。三是无偏性。价格指数作为反映总体中个体总变动的代表值，不应该存在系统的偏差，应该准确地反映总体变动的方向以及幅度。四是一致性。价格指数与总体相应指标之间的差距应该随着代表样本的增大而减少，使得大样本下的指数能较好地代表总体指数的数值。

基于上述的总体价格指数优劣评判标准产生了价格指数检验理论。价格指数的检验理论是指通过对价格指数公式形式的分析，来说明什么样的指数才能称之为优良指数。费舍尔在《指数编制》（The Making of Index Numbers. A Study of Their Varieties，Tests，and Reliability）一书中提出了100多种指数检验的公式，并设计了一套检验方法来制定优良指数，其中核心的检验原则可以概括为恒等性检验、公度性检验、比例性检验、进退检验、正定性检验、时间互换检验、因子互换检验、循环检验8项。但由于不同的指数公式无法满足所有的检验原则，因此需要根据实际价格指数构建目标以及现实数据情况进行取舍。其中最重要的是时间互换检验、因子互换检验和循环检验三项。

本书主要针对价格指数的数据来源以及检测方案的设定进行价格指数偏误的审核与检验，并形成了一整套数据审核评估办法，具体见附录《农产品批发价格监测数据的审核评估办法》。

2.3 价格指数编制流程

价格指数编制的主要步骤：首先，选择和确定代表规格品，搜集价格资料时可以保持价格同质可比；其次，计算代表规格品的相对数、基本分类指数，加权计算汇总小类、中类、大类直至总指数。全部编制流程：一是制订农产品批发价格指数监测方案和生活必需品价格指数监测方案。二是确定权数和选择计算方法。三是试算数据和对结果进行比对，完善和优选方案。四是提出信息化需求、编制程序、测试程序。五是对基础数据和加工数据进行质量评估。具体工作环节依次为数据采集、数据审核、指数编制、指数评价分析和指数管理和发布。

2.3.1 制订监测方案

2.3.1.1 数据采集和筛选

数据采集是价格指数编制过程的初始环节，是各种原始数据的收集所涉及工作的总称。该阶段需要收集来自各大商场、超市、批发市场的销售和成交情况等数据信息，需要对选定的代表规格品交易价格、成交额进行跟踪记录。

（1）代表品的选择

价格指数的构成自下而上分为代表规格品，基本分类，商品种类，商品大类，商品群。而基本数据的采集主要是针对代表规格品的价格数据，销售额、成交额等权数来源数据。

一个国家或地区每天发生海量的交易，一方面很难得到完整的数据记录，另一方面不可能测量每笔交易价格的变化。因此在编制价格指数时，通常采用代表规格品方法，用一个经过科学设计且容量合理的样本，进行价格数据的采集和价格指数的计算，从而反映价格变化的趋势和程度。

代表规格品的选择，也就是制定科学、完善的价格监测目录，其对于价格指数能否正确反映价格变动的实际情况有很大的影响。如果代表品数量过少，会造成代表性不足，价格指数不准确；而代表品数量过多，又会增加调查成本与工作量，造成不必要的浪费。

科学选择代表规格品的原则主要有三：代表性、连续性和可比性。其中：代表性可以通过所选商品样本的交易量或者交易额除以总体的交易量或者交易额进行度量，表示商品样本对于总体的代表程度；连续性指代表品样本应该是交易频繁、可持续获得价格及物量等数据，这主要依据对数据资料的初步筛选以及专家专业知识及经验进行选取，并逐步完善；可比性指所选择的代表品的销售状况要保持稳定，可以保证同质可比，从而在进行价格指数编制中，保证商品价格的变化是由于市场原因导致的纯价格的变化，而非质量调整所致。通常在选择代表规格品时，无法同时满足代表性、连续性和可比性，需要进行权衡比较。例如，我国在参与国际比较项目调查时，有一轮与经济合作与发展组织（Organisation for Economic Co-operation and Development，OECD）进行单边比较，要求羊绒大衣的规格为羊绒含量 20% 以上，但我国国内羊绒大衣符合其标准的不多，并不具有代表性，为了保持可比，还是要报送羊绒含量在 20% 以上的大衣价格。因此，在价格指数构建时，当无法兼顾代表性、可比性时，需要根据指数编制的目标选择代表规格品。选中的代表规格品之间的性质差异愈大愈好，价格变动的相关性越低越好。

此外，代表品需标准统一，数量合适，并适时进行调整。如 CPI 代表品的调查目录一般 5 年修订一次。调查点的选择，一般是将各种类型的商店、农贸市场、服务网点按照销售额、经营规模等进行排序，根据需要调查的数量进行抽样。

（2）权数的确定

权数是衡量每种产品重要性的指标，每种商品或服务价格变化在价格指数中重要性不同，其价格变动对总指数的影响程度也会有所不同，因此要科学合理地确定权数。权数的确定需要与价格指数类型相适应，服从价格指数的性质及使用目的。权数资料来源质量应该准确可靠，同时权数时期的选择应该结合价格指数，具有实际的经济意义。此外，权数的资料应该是现实可得的，如由于报告期数据资料受统计基础条件所限无法及时获取，从而使得采用基期数据加权更为常用。

2.3.1.2　数据审核及处理

数据审核是为了提高数据质量，及时发现问题和解决问题，以保证数据的准确性。数据审核包括原始数据审核和加工数据审核，这里主要指原始数据审核。数据审核是编制流程的第二个环节，是保证指数编制工作顺利进行的基础。

数据审核环节的主要工作包括对已经保存到数据库的数据进行有效性检验以及数据预处理两项。数据有效性审核主要是为避免录入错误而设置的检验环节，主要包括三部分内容：第一，核查所有录入数据同采集到的原始信息的一致性；第二，审查较为明显的原始报价信息错误；第三，审核数据的逻辑合理性，如对指标的平衡关系以及逻辑对应关系进行审核。数据的预处理包括对数据的归类、过滤、单位换算、检查数据的完整性、对缺失数据进行补齐整理等工作，以方便价格指数的计算。

依据数据资料的不同，数据审核可以分成价格数据的审核和成交额数据的审核两种。相应的步骤主要包括发现可能的错误和界外值，核实并修正数据。

在价格数据审核中，通常重点检查配对得到的价格变化。当发现异常价格变化，一方面对数据进行人工检查，看价格的变化是否处于预定界限之外；另一方面可以针对每个价格变化与同一样本或类似样本价格变化的统计进行比较。一般重点审核价格升降幅度较大的品种，通常采用趋势判断方法或横向比较方法（其他市场）进行对比审核。若数据未通过检查，可以向调查对象核实并修正数据，如果得不到调查对象的满意的解释，可以略去该价格数据。

成交额数据的审核与价格数据的审核在一般意义上是类似的，具体包括对成交额数据进行计算输出后再进行比较验证。

为了保证数据质量而进行数据审核，应该是伴随价格指数编制的全过程的，从数据源头、日常监测以及价格指数计算结果等进行交叉复核和多级复核，定期对数据进行质量评估，并相应动态调整，以保证数据的准确和客观。

2.3.2 价格指数计算方法的选择

指数编制包括对代表规格品价格变动率的计算、各级指数的计算和综合指数的汇总三项工作。指数编制主要是按照给定的算法对原始价格数据进行各种加权平均等计算以得到价格指数。价格指数的计算环节是整个价格指数编制过程的关键环节。通常基本分类价格指数采用几何平均法计算，小类以上汇总价格指数加权采用加权平均法计算。下面详细介绍价格指数计算的各个步骤。

（1）代表规格品平均价格的计算

一方面，由于代表规格品通常来自不同的监测点，所以需要进行平均价格的计算；另一方面，需要从高频度的监测数据汇总得到较低频度的监测时点数据，如，通过高频的日度监测价格数据，得到低频的周、月度的平均价格。这两种平均价格的计算通常采用简单算术平均法。

在农产品批发价格指数中，由于所有监测品种均为日监测，各监测点每天上报成交价、成交量和成交额数据，在编制价格指数之前，需采用数量加权法计算全市每种代表规格品的日平均价，即每个批发市场代表规格品的平均成交价乘以成交量，推算出成交额，然后将各监测市场成交额数据相加，除以该品种的成交总量，即得到全市该品种的日平均价格。周、旬、月全市平均价格，则将全市日平均价格按天数进行简单平均。

在生活必需品价格指数中，不仅包括食品，还包括穿、用、烧和服务项目，监测频率有日、旬、月之分，各监测点只上报价格，不上报销售量和销售额，所以全市平均价的计算采用另外一种方法，即先对一个监测点的代表规格品计算平均价格，再对各个监测点进行汇总平均得到全市平均价。如，第 i 个规格品在第 j 个价格监测点的第 k 次监测价格 P_{ijk} 汇总得到其月度的平均价格 P_{ij}，再对 m 个监测点进行汇总平均得到全市平均价格：$P_i = \dfrac{1}{m} \sum\limits_{j=1}^{m} P_{ij}$。

（2）代表规格品变动率的计算

代表规格品的变动率为某一代表规格品报告期价格与基期价格的变动的相对数。具体地，第 i 个代表规格品的价格变动率 G_{ti} 为报告期 t 代表规格品价格 P_{ti} 与上一期的代表规格品价格 $P_{(t-1)i}$ 变动的相对数，其计算公式为：

$$G_{ti} = \frac{P_{ti}}{P_{(t-1)i}}$$

（3）基本分类环比指数的计算

基本分类是由具有同一属性的代表规格品直接构成的最低级的分类，基本分类环比指数 K_t 通常采用代表规格品价格变动率的几何平均来计算得到。其计算公式为：

$$K_t = \sqrt[n]{G_{t1} \times G_{t2} \times \cdots G_{tn}} \times 100\%$$

其中 n 为该基本分类包含的代表规格品的个数。

（4）基本分类以上环比指数的计算

基本分类以上类别的环比指数采取逐级向上加权平均的原则计算。其计算公式为：

$$\overline{K} = \frac{\sum K_i W_i}{\sum W_i} (i = 1, 2, \ldots n)$$

其中，$\overline{K}$ 代表总（大类）指数，K_i 代表 $\overline{K}$ 下属一级分类指数，i 代表分类顺序号，W_i 为 K_i 对应类的权数。其中，农产品批发价格指数权数为变动权数，根据报告期各分类对应的所有代表规格品的成交额计算（帕氏公式），生活必需品价格指数权数为固定权数，根据基期居民消费支出构成数据计算（拉氏公式）。

（5）其他指数的计算

生活必需品价格指数中，基本分类及以上的同比指数计算采用环比指数连乘的方式得到。例如，对于月度同比指数 Y_t，可由环比指数 X_{t-12} 到 X_t 相乘得到，即：

$$Y_t = \prod_{i=t-12}^{t} X_i$$

累计同比价格指数的计算，主要是计算从年初到报告期基本分类、中类及大类指数，计算公式为各月的同比指数简单平均。

由于价格指数计算所用的算法和权数的选取直接影响到最终的指数结果，因此指数进行编制后还要对其有效性和合理性进行验证，这也就是第四环节——价格指数的评价分析。

2.3.3　价格指数的评估及管理发布

价格指数的评估及管理发布是最后两个环节。

2.3.3.1　价格指数的评估

指数的评估，一方面运用纵向对比的方法，对某一历史时期指数的变动率进行分析，并与报告期价格实际走势进行对比，来验证所计算的价格指数的有效性和合理性；另一方面运用横向对比的方法，与外部指数进行对比，来检验指数的正确性。与外部指数的对比可以通过分析指数间的相关性和一致性，通过做二维图像和具体统计量的值来表示对比结果。例如，各个省市的价格指数可以与国家统计局编制的 CPI 进行比较分析。

2.3.3.2　价格指数分析

价格指数分析也是价格监测的一项重点工作。监测分析运用多种统计方法，如对于价格指数波动周期、季节调整后的环比指数的分析。从时间周期上，可以针对旬度、月度、季度、累计以及年度价格指数分别进行走势分析以及相应的方差分析、异常值分析等；从不同的地域上，可以进行不同区域的分析，如进行空间计量分析。

2.3.3.3　价格指数的报表设计与发布

在完成价格指数计算后，需要对所计算的价格指数进行综合管理，如按照日期和各种分类为检索关键词查找和提取目标数据，以及对编制的价格指数进行发布。价格指数的发布是编制工作的最后一个环节，包括将指数的各项计算结果向各发布单位传递，最后由各发布单位按规定发布时间及发布渠道共同向社会发布。

在价格指数的发布中，一方面会依据指数发布的频度，分成周度报表、旬度报表、月度报表等；另一方面根据不同的指数发布要求和指数分析目标，对不同级别进行汇总发布以及详细报表发布，同时价格指数权数来源等数据可以视情况进行发布。

2013 年以来，在生活必需品领域价格指数研究与应用方面，我们先后完成了北京市农产品批发价格指数、生活必需品价格指数中食品类、居住类中房租指数的编制，见图2—1。具体内容将在后面的章节具体论述。

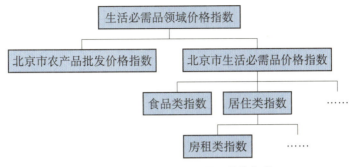

图 2—1　北京市生活必需品价格指数

3 北京市农产品批发价格指数编制

3.1 目标和任务

农产品批发市场是我国改革开放以后形成的商业流通渠道，现已成为我国农产品流通的主流渠道、主要业态。农产品批发市场是农业产业链中连接农业生产者和消费者最为重要的一环，自 2010 年以来我国农产品 70％以上是经过批发市场进入百姓的菜篮子的。作为农产品现货集中交易场所，农产品批发市场对于平衡供求、形成价格、指导生产和增加农民收入具有十分重要的作用，特别是对于解决小生产和大市场的矛盾，更是起到了不可替代的作用，无论是在发展中国家还是在发达国家，批发市场都已成为农产品快速集散和流通的重要渠道。

农产品批发市场经过公开竞争形成的批发价格，充分反映了农产品的供求规律和价值规律，发挥了指导生产、促进流通和引导消费的重要作用。农产品批发价格指数与居民消费价格指数有比较紧密的关系，虽然在经济长期稳定发展的阶段，农业在总体产业结构中的比重正在逐步减少，农产品批发价格指数对居民消费价格指数的影响将趋于减弱，但在某一经济周期的特殊阶段，如金融危机期间，农产品价格指数会对居民消费价格指数产生至关重要的影响。因此，编制农产品批发价格指数将有助于全面分析农产品批发价格变化对居民消费价格指数的影响。为全面系统地反映北京农产品批发价格的总体变动水平、变动幅度、变动规律和变动趋势，更好地发挥北京农产品批发价格监测的作用，需要对农产品批发价格指数进行编制和研究。

农产品批发价格指数的编制应以全面性、系统性、可比性、可行性、灵活性及相对稳定为原则，建立在农产品批发价格采集监测基础之上。农产品批发价格指数作为分析和研究农产品批发价格变化动态、变化趋势、变动程度和规律的基本统计方法，可以帮助我们有效了解农产品供给和需求的变化规律，以及农产品市场成交情况和北京居民消费的变化规律，对搞活农产品流通和保证北京市农产品供需平衡、为政府和农产品批发市场及社会各界提供更多更科学的信息服务有重要的意义。

3.2 指数体系设计

北京市农产品批发价格指数是一个包括北京市农产品代表品个体批发价格价格指数、基本分类批发价格指数、农产品大类批发价格指数及北京市农产品批发价格总指数的指数群。无论是多数品种的价格变化，或是某一监测市场、某一监测品种批发价格受到某种暂时的、偶然的因素影响，在短时间内批发价格所发生的较大变化，都会对北京市农产品批发价格总体水平产生影响，进而在北京市农产品批发价格各级指数和总指数中及时体现出来。因此，对北京市农产品批发市场价格进行监测和编制价格指数以及时、科学、准确、全面地反映北京市农产品批发价格的变化情况十分必要。

北京市农产品批发价格指数编制与全国农产品批发价格指数编制类似，首先需要进行合理的分类，确定总指数、大类指数、基本分类指数的内容和范围。根据北京市农产品批发市场的发展现状及其对北京市民生活消费的影响，北京市农产品批发价格指数根据现有的价格采集监测系统进行农产品批发价格的采集，在科学、普遍使用的指数编制理论和方法的基础上进行编制。北京市农产品批发价格指数内容包括各代表规格品的批发价格指数（个体指数）、基本分类批发价格指数、大类批发价格指数（粮食、食用油、肉禽、蛋、蔬菜、水果、水产品）、农产品辅助分类批发价格指数（大路菜，等）和农产品批发价格总指数。这些指数从个体到类综合，再从类综合到整体农产品的总综合，从而形成逐步综合的农产品批发价格指数体系。

具体而言，北京农产品价格指数按其所包括范围的不同分为以下几个类别：

1）代表规格品个体指数。即某一品类的个体指数（如白菜批发价格指数等）。

2）基本分类指数。由代表规格品构成（如粳米批发价格指数、果菜批发价格指数等）。

3）大类指数。即分类商品价格指数，反映某一类商品价格水平升降程度

（如粮食批发价格指数、食用油批发价格指数等）。

4）总指数（北京市农产品批发价格总指数）。反映农产品价格总水平升降程度。

具体指数体系和各级分类目录见本书附录"农产品批发价格监测目录"。

3.3 监测方案

北京市目前建立了以销地农产品批发市场为核心的农产品流通体系，多种渠道、多种方式地满足了农产品流通需要和居民生活消费需求，有效保障了首都城市平稳运行和经济社会发展，是我国北方地区农产品流通网络重要枢纽，更是北京市居民消费的主要渠道。通过对北京市不同区县农产品批发价格的有效监测，可以及时、准确地掌握北京市农产品批发价格的变动趋势和程度。

3.3.1 监测点的选择

为了使所编制的指数具有代表性，所选取的市场样本既要考虑到市场在地区分布上的合理性，又要考虑到市场的地区代表性，同时还应兼顾取得数据的可能性和监测、统计成本等问题。为此，理论上应该选择北京市农产品成交量、成交额排位居前的大型农产品批发市场作为采价点。根据各大批发市场的地理分布和总成交额排名，我们选择北京新发地农产品中心批发市场、岳各庄农副产品批发市场、锦绣大地玉泉路粮油批发市场等 10 家占全市市场份额较大的农产品批发市场作为市场监测样本来源。

北京新发地农产品中心批发市场成立于 1988 年，是北京市交易规模最大的农产品专业批发市场，在全国同类市场中也具有很大的影响力。其中蔬菜、果品两大项的供应量占全市总需求量的近 70%，是北京市名副其实的"大菜篮子"和"大果盘子"。因此，北京新发地农产品中心批发市场的农产品批发价格对全市农产品批发价格和零售价格影响重大，是价格数据的主要来源。

北京岳各庄农副产品批发市场是首都农副产品批发市场的先驱、西南部较大的"菜篮子"。锦绣大地农副产品批发市场是京西地区最大且富有发展潜力的农副产品批发市场。北京锦绣大地玉泉路粮油批发市场是北京最大的"米袋子"。

我们选择的批发市场的地理位置基本覆盖了北京各城区和郊区，分布均衡，管理规范，均是具有很强代表性的农产品批发市场。所选批发市场上成交的农产品基本保证了北京市民的日常生活。这些监测点的选择和建立，使北京市有了具有代表性、权威性的农产品批发价格价格采集点，对北京市农产品价格监测具有重要意义。

3.3.2 监测样本品种的选择

北京农产品批发市场交易品种多，但经常交易的农产品主要是居民生活必需品，包括粮食、食用油、肉禽、蛋、蔬菜、水果和水产品7个大类。每类中的小类（即基本分类）应对大类有较强的覆盖性。此外，同类商品不同产地、质量等级、品牌，价格差异很大。因此，代表规格品（以下简称代表品）的选择必须严谨，应充分考虑各代表品的代表性和数据取得的连续性。

经过对数据完整性和准确性的综合评估，在价格监测中心批发价格监测系统的基础上，确定各小类样本品种，分别如下：粮食类下4个基本分类（粳米8个代表品、富强粉4个代表品、标准粉4个代表品、杂粮7个代表品），食油类下3个基本分类（大豆油1个代表品、花生油1个代表品、调和油2个代表品），肉禽类下4个基本分类（牛肉2个代表品、羊肉2个代表品、猪肉1个代表品、禽3个代表品），蛋类下只包括1个基本分类（1种普通鸡蛋），蔬菜类下3个基本分类（果菜类8种蔬菜、叶菜类8种蔬菜、其他类15种蔬菜），水果类下4个基本分类（香蕉2个代表品、西瓜1个代表品、苹果2个代表品、梨2个代表品），水产品类下2个基本分类（海水鱼3个代表品、淡水鱼4个代表品），根据北京市水产消费结构特点不包含虾蟹代表品。

农产品批发价格指数的指标体系共包括7个大类，21个基本分类，81个代表规格品。具体类别见表3-1。7大类中，成交量和成交额较大、与居民生活密切相关的主要是农产品。在目前上报国家价格监测中心数据的基础上，根据成交量情况增加了部分监测品种。

表 3-1　　　　　　　　　　农产品批发价格指数编制目录

商品类别及品名	代表品名称［品牌/规格/产地］＋（数据频率）	计量单位
1. 粮食		
1.1粳米（8）	粳米［25公斤袋装/普通圆粒/黑龙江］（日度）	元/公斤
	粳米［5公斤袋装/普通圆粒/黑龙江］（日度）	
	粳米［25公斤袋装/普通圆粒/吉林］（日度）	
	粳米［5公斤袋装/普通圆粒/吉林］（日度）	
	粳米［25公斤袋装/普通圆粒/辽宁］（日度）	
	粳米［5公斤袋装/普通圆粒/辽宁］（日度）	
	粳米［25公斤袋装/普通圆粒/其他］（日度）	
	粳米［5公斤袋装/普通圆粒/其他］（日度）	

商品类别及品名	代表品名称［品牌/规格/产地］＋（数据频率）	计量单位
1.2 富强粉（4）	富强粉［古船/25 公斤袋装］（日度）	元/公斤
	富强粉［古船/5 公斤袋装］（日度）	
	富强粉［五得利/25 公斤袋装］（日度）	
	富强粉［五得利/5 公斤袋装］（日度）	
1.3 标准粉（4）	E000121 标准粉［古船/5 公斤袋装］（日度）	元/公斤
	E001008 标准粉［古船/25 公斤袋装］（日度）	
	E001009 标准粉［五得利/25 公斤袋装］（日度）	
	E001010 标准粉［五得利/5 公斤袋装］（日度）	
1.4 杂粮（7）	小米［散装］（日度）	元/公斤
	黄豆［散装］（日度）	
	绿豆［散装］（日度）	
	江米［散装］（日度）	
	花生米［散装］（日度）	
	红小豆［散装］（日度）	
	玉米面［散装］（日度）	
2. 食用油		
2.1 花生油（1）	花生油［鲁花/桶装一级压榨］（日度）	元/升
2.2 大豆油（1）	大豆油［散装］（日度）	元/升
2.3 调和油（2）	调和油［金龙鱼/一级桶装］（日度）	元/升
	调和油［福临门/一级桶装］（日度）	
3. 肉禽		
3.1 牛肉（2）	鲜牛肉［新鲜去骨，统货］（日度）	元/公斤
	鲜牛肉［新鲜带骨，统货］（日度）	
3.2 猪肉（1）	白条猪［新鲜带骨，统货］（日度）	元/公斤
3.3 羊肉（2）	鲜羊肉［新鲜去骨，后腿肉］（日度）	元/公斤
	鲜羊肉［新鲜带骨，统货］（日度）	
3.4 禽（3）	白条鸡［新鲜上等，开膛］（日度）	元/公斤
	三黄鸡［新鲜上等，开膛］（日度）	
	鸭子［新鲜上等，开膛］（日度）	

续表

商品类别及品名	代表品名称［品牌/规格/产地］＋（数据频率）	计量单位
4. 蛋		
4.1 鲜蛋（1）	鸡蛋［新鲜完整］（日度）	元/箱
5. 蔬菜		
5.1 果菜（8）	黄瓜［新鲜中等］（日度）	元/公斤
	西红柿［新鲜中等］（日度）	
	圆茄子［新鲜中等］（日度）	
	青椒［新鲜中等］（日度）	
	冬瓜［新鲜中等］（日度）	
	豆角［新鲜中等］（日度）	
	尖椒［新鲜中等］（日度）	
	苦瓜［新鲜中等］（日度）	
5.2 叶菜（8）	油菜［新鲜中等］（日度）	元/公斤
	菠菜［新鲜中等］（日度）	
	小白菜［新鲜中等］（日度）	
	韭菜［新鲜中等］（日度	
	生菜［新鲜中等］（日度）	
	油麦菜［新鲜中等］（日度）	
	大白菜［新鲜中等］（日度）	
	圆白菜［新鲜中等］（日度）	
5.3 其他（15）	土豆［新鲜中等］（日度）	元/公斤
	菜花［新鲜中等］（日度）	
	平菇［新鲜中等］（日度）	
	蒜苗［新鲜中等］（日度）	
	绿豆芽［新鲜中等］（日度）	
	黄豆芽［新鲜中等］（日度）	
	白萝卜［新鲜中等］（日度）	
	心里美萝卜［新鲜中等］（日度）	
	胡萝卜［新鲜中等］（日度）	
	葱头［新鲜中等］（日度）	

商品类别及品名	代表品名称〔品牌/规格/产地〕＋（数据频率）	计量单位
5.3 其他（15）	莴笋〔新鲜中等〕（日度）	元/公斤
	大葱〔新鲜中等〕（日度）	
	生姜〔新鲜中等〕（日度）	
	芹菜〔新鲜中等〕（日度）	
	大蒜〔新鲜中等〕（日度）	
6. 水果		
6.1 西瓜（1）	西瓜〔国产一级〕（日度）	元/公斤
6.2 苹果（2）	富士苹果〔一级〕（日度）	元/公斤
	国光苹果〔一级〕（日度）	
6.3 香蕉（2）	香蕉〔进口一级〕（日度）	元/公斤
	香蕉〔国产一级〕（日度）	
6.4 梨（2）	雪花梨〔国产一级〕（日度）	元/公斤
	鸭梨〔国产一级〕（日度）	
7. 水产品		
7.1 海水鱼（3）	带鱼〔冻，国产 250 克/条左右〕（日度）	元/公斤
	带鱼〔冻，进口 500 克/条左右〕（日度）	
	黄花鱼〔冻，国产 500 克/条左右〕（日度）	
7.2 淡水鱼（4）	草鱼〔鲜活，1000 克/条左右〕（日度）	元/公斤
	鲫鱼〔鲜活，350 克/条左右〕（日度）	
	鲤鱼〔鲜活，500 克/条左右〕（日度）	
	鲢鱼〔白鲢，鲜活，750 克/条左右〕（日度）	

3.3.3 监测方式

农产品批发价格指数的原始数据由价格监测点上报，价格数据由农产品批发市场业务人员采集。每一代表品价格，每个监测点应选择 3～5 个成交量较大的摊位采集，并于采价日当天上午 11：00 之前上报。代表规格品价格采用每日监测一次的形式进行。价格数据在计算价格指数之前要经过审核，包括审核数据的合理性、逻辑性。合理性审核主要是分析报告期价格数据与上期、上年同期对比涨跌幅度大的原因，和某一阶段价格变动趋势和幅度相比，价格波动幅度大小是否合理。如果理由不充分，要重新核实数据的真实可靠性。

3.3.4 农产品批发价格数据审查

对监测点上报的农产品批发价格审查，除进行本书第二章介绍的一般性数据审查外，还需对批发价格数据进行如下审查和调整。

（1）检查成交额数据是否出现溢出现象。即检查各类别的数据是否符合逻辑关系。具体而言，监测点上报的大类成交额应大于其包括的基本分类的成交额的总和。以粮食类为例，各监测点上报的粮食的日成交额应该大于由代表规格品成交价与成交量相乘所得到的成交额总和，也就是应该大于粳米、标准粉、富强粉、杂粮这四类的成交额之和。其中，基本分类（粳米等）的成交额为其代表规格品的成交额之和。不满足逻辑即为溢出。出现溢出现象时，需要对数据进行处理。首先考虑将采集的价格退回价格监测点重新进行采价。其次考虑以各基本分类成交额的比重为权数，对各基本分类的成交额进行压缩，使压缩后的基本分类的成交额的总和小于或等于所采集的大类成交额且权数保持不变。

（2）禽蛋类成交额数据调整。因为现在价格监测点采集的成交额是蛋类和禽类总的成交额，而农产品批发价格指数中的大类是肉禽和蛋类，因此需要从禽蛋总的成交额中分别估算出禽类成交额（禽类和肉类重新组合构成肉禽大类）和蛋类成交额。根据上报的基本分类的成交额和大类成交额，通过测算，取蛋类成交额占禽蛋总成交额的 68％，禽类成交额占 32％。这样取值可以有效防止溢出现象的发生。

根据上述审核原则，结合北京市农产品批发价格监测工作实践，形成了《农产品批发价格监测数据审核评估办法》，参见本书附录。

3.4 农产品批发价格指数编制方法

农产品批发价格指数编制主要包括以下几个步骤：一是计算单个代表品的变动率；二是对单个代表品进行加权平均，得到基本分类价格指数；三是对基本分类进行加权平均，得到大类价格指数；四是继续向上加权平均合并，得到总指数。

下面介绍批发价格指数编制的方法。

3.4.1 指数编制基本形式

每个编制周期，直接计算的有环比指数和同比指数。累计指数，是采用简单平均方法，将月度同比指数简单平均。

（1）加工整理周期。农产品批发价格指数编制的频度分别为周、旬、月，首先需要对原始价格数据进行周期加工，分别计算周、旬、月平均价格数据。

（2）环比价格指数。即报告期价格与上期价格相比而得出的指数。环比价格指数一般随着时间的推移而连续编制，对于确保北京民生消费品供应充足、价格稳定有着重大意义。

（3）同比价格指数。即报告期价格与上年同期价格相比而得出的指数。通过同比价格指数可以监测北京民生消费品市场是否保持稳定、健康的发展态势。

（4）累计同比价格指数。累计同比指数为本年1月至报告月份价格与上年同期价格相比的指数，反映一定时期内价格变化的平均水平。

下面介绍指数体系中各类环比指数的计算方法。同比指数的计算方法与此类似，只需把对比期替换为上年同期即可。

3.4.1.1 代表规格品价格变动率的计算

代表规格品的价格变动数即为当期代表规格品价格与上期代表规格品价格变动的相对数，计算公式为：

$$G_{ti} = P_{ti} / P_{(t-1)i} \times 100\%$$

其中，G_{ti} 为第 i 个代表规格品在报告期（t）的价格与上期（$t-1$）的价格对比的相对数。

3.4.1.2 基本分类环比指数计算

基本分类是由具有同一属性的代表规格品直接构成的最低级的分类，而基本分类所对应的环比价格指数即基本分类环比指数。基本分类环比指数的计算采用代表规格品价格变动率的几何平均来计算，计算公式为

$$K_t = \sqrt[n]{G_{t1} \times G_{t2} \times \cdots G_{tn}} \times 100\%$$

其中 G_{ti}（$i=1, 2, \ldots, n$）分别为第 i 个代表规格品在报告期（t）价格与上期（$t-1$）价格对比的价格变动率。

3.4.1.3 基本分类以上环比指数计算

基本分类以上类别的环比指数采取逐级向上加权平均的原则计算，权数为可变权数，计算公式为：

$$K_t = \frac{\sum W_{ti} K_{ti}}{\sum W_{ti}}$$

其中，K_{ti} 是 K_t 的第 i 个子分类第 t 期的环比指数，W_{ti} 为 K_t 的第 i 个分类第 t 期的权数，按照各分类对应的所有代表规格品的成交额之和来确定。

3.4.1.4 农产品批发价格环比总指数的计算

农产品批发价格环比总指数，是将 7 个大类环比指数进行加权平均。其计算公式与基本分类以上的环比指数相同，同样采取变动权数，权数是各大类成交额占总成交额的比重。

3.4.2 权数确定

农产品不同品类的消费量受季节因素影响较大，而且价格变化频繁，因此考虑采用变动权数，权数每期不同。因为农产品成交额是由成交量和成交价格相乘计算而得，它可以直接反映消费量的季节性。相对于固定权数，以成交额计算的变动权数可以客观准确地反映北京市农产品批发成交情况。所以农产品批发价格指数应以各类成交额数据计算权数。具体而言，农产品批发价格指数的计算，采用变动权数是报告期成交额的比重。目前从各批发市场采集的数据包括代表规格品的成交价格和成交量，以及各个大类成交金额。其中各大类总成交额为所有属于此类的农产品的成交额的总和，它不受基本分类下代表规格品数量选取多少的影响，可以更加准确客观地反映各类农产品的价格变化。具体计算权数时需要注意以下几点：

（1）基本分类权数。为基本分类下各代表规格品成交额之和占大类成交额的比重，计算大类指数所用。例如，粮食类由粳米、富强粉、标准粉、杂粮 4 个基本分类构成，计算粮食类批发价格指数需要对这 4 种基本分类的价格指数进行加权平均，权数分别为各个基本分类成交额占 4 个基本分类成交额之和的比重。其中，基本分类的成交额为基本分类下各个代表品的本期成交量与本期价格相乘得来的各代表品成交额之和。

（2）大类权数。为各批发市场上报大类成交额之和占 7 大类成交额总和的比重，计算总指数所用。其中，大类成交额为批发市场上报的各大类的本期成交额。这里大类成交额直接选取各监测点上报的成交额，而非采用大类下各基本分类成交额之和，主要是为避免受代表规格品选取数量多少的影响。以粮食类为例，各批发市场上报的粮食类成交额包括粮食类所有品种规格的成交额，与方案选取的代表规格品的种类和数量无关。与粮食类下四种基本分类总成交额之和相比，监测点上报的粮食类成交额数额会更大。因此，选取监测点上报的总成交额来计算总指数的权数更为科学。

值得注意的是，由于批发市场上报的农产品批发成交量中含有销往北京市外的成交量，因此在计算成交额和权数时需要剔除销往外地的成交量。为此我们设计调查问卷对批发市场销往外地的批发比例进行调查，调查发现，除了水果和蔬菜外，其他农产品基本在本地销售。我们针对水果和蔬菜设计的调查问卷，见表3－2、表3－3。根据监测点上报数据和调查问卷的结果计算，蔬菜本地销售占到总销售额的92.14％，水果本地销售占到总销售总额的63.057％。其他大类则采用各监测点上报的成交总额。

表3－2　　　　　　　　　　　蔬菜商户调查问卷示例

调查地址：北京市丰台区新发地批发市场

商户主经营的商品类别：蔬菜

黄瓜的日平均价格为所有品种的黄瓜的日平均价格，其他蔬菜相同。

果菜类

B1.

商品名称	平均每日进货总量（万公斤）	平均每日销往北京市内的成交量（万公斤）	平均每日销往外地的成交量（万公斤）
黄瓜	30	25	5

B2.

商品名称	平均每日进货总量（万公斤）	平均每日销往北京市内的成交量（万公斤）	平均每日销往外地的成交量（万公斤）
土豆	142	100	42

叶菜类

B17.

商品名称	平均每日进货总量（万公斤）	平均每日销往北京市内的成交量（万公斤）	平均每日销往外地的成交量（万公斤）
大白菜	80	80	0

B18.

商品名称	平均每日进货总量（万公斤）	平均每日销往北京市内的成交量（万万公斤）	平均每日销往外地的成交量（万公斤）
圆白菜	80	80	0

表3－3　　　　　　　　　　　水果类商户调查问卷示例

调查地址：北京市丰台区新发地批发市场

商户主经营的商品类别：水果类

这里的水果类别是按照上报数据中的水果类别划分的。

B1.

商品规格等级	商品品类	平均每日成交量（万公斤）	平均每日销往北京市内的成交量（万公斤）	平均每日销往外地的成交总量（万公斤）
一级	富士苹果	100	50	50

B3.

商品规格等级	商品品类	平均每日成交量（万公斤）	平均每日销往北京市内的成交量（万公斤）	平均每日销往外地的成交总量（万公斤）
国产一级	雪花梨	8	5	3

B5.

商品规格等级	商品品类	平均每日成交量（万公斤）	平均每日销往北京市内的成交量（万公斤）	平均每日销往外地的成交总量（万公斤）
国产一级	葡萄	3	1.5	1.5

B6.

商品规格等级	商品品类	平均每日成交量（万公斤）	平均每日销往北京市内的成交量（万公斤）	平均每日销往外地的成交总量（万公斤）
新鲜中等	水蜜桃	4	2	2

B10.

商品规格等级	商品品类	平均每日成交量（万公斤）	平均每日销往北京市内的成交量（万公斤）	平均每日销往外地的成交总量（万公斤）
国产一级	香蕉	13	7	6

3.4.3 异常值处理

原始数据经常会受一些主观或客观因素影响而产生异常波动。当这种情况出现时，直接使用原始数据计算得出的指数的准确性可能会有偏差。此外，受数据采集和发布等因素的限制，指标数据可能会出现缺失情况。因此，综合考虑数据异常值和缺失值对指数的影响，进行数据处理非常必要。

通常异常值的判定是根据其与均值的距离是否过大或者是否缺少足够的相邻值，常用标准是超过平均值 3 倍标准差。当数据存在异常值时，一般做法是将异常值删除，但为了保证指数计算所需数据的完整性，会使用指标平均环比值对异常值进行修正。

对于缺失值的处理，针对数据或指标缺失分别采用两种不同的方法：如果指标数据为单一缺失，则使用指标数据平均值代替；如果指标整体缺失，则使用趋势外推方法，使用线性回归值代替。

在信息化实现过程中，系统有一个数据处理过程，它主要实现对数据的流转、数据汇总、任务调度、任务异常管理机制等内容。依据监测分析、价格预警等业务需求，数据处理需对采集系统验收后的指标数据重新定义、组织与处理后将数据统一存储与管理，数据处理内容包括指标数据计量单位的转换、指标数据的分析汇总等。同时，对数据处理过程中出现的问题进行及时跟踪排查和解决。

3.4.4 指数报表设计

农产品批发价格指数体系中所有指数发布在相应的指数报表中。根据不同的指数发布要求和指数分析目标，共设计了 6 种报表，每期这 6 种报表同时发布。其中后三种报表为详细报表，不仅包括指数体系中的所有指数，还包括各类成交额和权数。6 种指数报表的具体内容如表 3—4、3—5、3—6、3—7、3—8、3—9 所示。

表 3—4　　2014 年 12 月北京市农产品批发价格指数（月度指数）

类别	月环比指数	月同比指数	月累计指数
农产品批发价格指数	108.22	108.53	100.09
1. 粮食	100.18	102.50	103.39
1.1 粳米	99.98	99.81	100.88
1.2 富强粉	99.79	100.15	101.91
1.3 标准粉	99.77	100.74	101.36
1.4 杂粮	100.79	108.57	108.87
2. 食用油	99.95	92.77	92.39
2.1 花生油	102.25	105.79	94.54
2.2 大豆油	98.40	82.56	87.82
2.3 调和油	99.49	91.41	94.89
3. 肉禽	98.78	93.40	96.16
3.1 牛肉	99.78	98.56	100.90
3.2 猪肉	97.87	87.15	88.93
3.3 羊肉	99.11	96.02	100.59
…	…	…	…

表 3—5　　2014 年 12 月上旬北京市农产品批发价格指数（旬度指数）

类别	旬环比指数	旬同比指数
农产品批发价格指数	103.81	107.63
1. 粮食	100.05	102.10
1.1 粳米	99.95	99.79
1.2 富强粉	99.85	99.93

续表

类别	旬环比指数	旬同比指数
1.3 标准粉	100.00	101.31
1.4 杂粮	100.35	107.32
2. 食用油	100.26	92.68
2.1 花生油	101.78	104.92
2.2 大豆油	99.27	83.25
2.3 调和油	99.96	91.45
3. 肉禽	99.71	93.72
3.1 牛肉	100.05	98.62
3.2 猪肉	99.54	87.85
3.3 羊肉	99.67	96.30
...	...	...

表 3-6 2014 年 11 月 29 日～12 月 5 日（第 48 周）北京市农产品批发价格指数（周指数）

类别	周环比指数	周同比指数
农产品批发价格指数	102.44	106.37
1. 粮食	100.06	102.13
1.1 粳米	100.00	99.84
1.2 富强粉	99.85	100.01
1.3 标准粉	100.00	101.47
1.4 杂　粮	100.26	107.25
2. 食用油	100.16	92.46
2.1 花生油	101.25	104.03
2.2 大豆油	99.56	83.60
2.3 调和油	99.87	91.42
3. 肉禽	99.59	93.72
3.1 牛肉	99.88	98.53
3.2 猪肉	99.43	87.90
3.3 羊肉	99.55	96.19
3.4 禽	99.73	107.84

续表

类别	周环比指数	周同比指数
4. 蔬菜	101.36	125.94
4.1 果菜	106.65	94.46
4.2 叶菜	107.32	103.22
4.3 其他	116.90	104.89
…	…	…

表 3—7　　　2014 年 12 月北京市农产品批发价格指数（月度指数详细）

商品类别及品名	本月成交总额（元）	权数（%）	本月均价	上月均价	去年同月均价	月环比指数	月同比指数
农产品批发价格指数	1282202880	100.00	——	——	——	100.18	102.5
1. 粮食	541712564	12.11	——	——	——	99.98	99.81
1.1 粳米	167853653	53.59	4.78	4.78	4.77	100.00	100.21
E000054 粳米	24213310		5.00	5.01	5.02	99.80	99.60
E000055 粳米	87413646		4.87	4.87	4.85	100.00	100.41
E000056 粳米	16929100		5.08	5.10	5.09	99.61	99.80
E000057 粳米	147045557		4.83	4.82	4.83	100.21	100.00
E000058 粳米	25386340		5.23	5.22	5.22	100.19	100.19
E000059 粳米	49681328		4.64	4.64	4.71	100.00	98.51
E000060 粳米	23189630		4.97	4.97	4.98	100.00	99.80
E000061 粳米	126404951	12.51	——	——	——	99.79	100.15
1.2 富强粉	37367279		3.38	3.38	3.35	100.00	100.90
E000046 富强粉	19221330		3.45	3.45	3.53	100.00	97.73
E000047 富强粉	51325616		3.36	3.36	3.35	100.00	100.30
E000048 富强粉	1282202880	12.11	——	——	——	100.18	102.5
…	…	…	…	…	…	…	…

表 3—8　　　2014 年 12 月上旬北京市农产品批发价格指数（旬度指数详细）

商品类别及品名	本旬成交总额（元）	权数（%）	本旬均价	上旬均价	去年同旬均价	旬环比指数	旬同比指数
农产品批发价格指数	3106095292	100.00	——	——	——	103.81	107.63
1. 粮食	413489792	13.31	——	——	——	100.05	102.10
1.1 粳米	174106658	53.85	——	——	——	99.95	99.79

续表

商品类别及品名	本旬成交总额（元）	权数（%）	本旬均价	上旬均价	去年同旬均价	旬环比指数	旬同比指数
E000054 粳米	53653335	——	4.78	4.78	4.77	100.00	100.21
E000055 粳米	7652617	——	5.00	5.01	5.01	99.80	99.80
E000056 粳米	28205956	——	4.87	4.87	4.85	100.00	100.41
E000057 粳米	5470773	——	5.08	5.09	5.08	99.80	100.00
E000058 粳米	47751025	——	4.82	4.82	4.84	100.00	99.59
E000059 粳米	8100366	——	5.22	5.22	5.22	100.00	100.00
E000060 粳米	15774423	——	4.64	4.64	4.71	100.00	98.51
E000061 粳米	7498163	——	4.97	4.97	4.98	100.00	99.80
1.2 富强粉	40161397	12.42				99.85	99.93
E000046 富强粉	11845008	——	3.38	3.38	3.36	100.00	100.60
E000047 富强粉	6121335	——	3.45	3.45	3.55	100.00	97.18
E000048 富强粉	16334357	——	3.35	3.36	3.35	99.70	100.00
…	…	…	…	…	…	…	…

表3—9 2014年11月29日～12月5日（第48周）北京市农产品批发价格指数（周指数详细）

商品类别及品名	本周成交总额（元）	权数（%）	本周均价	上周均价	去年同周均价	周环比指数	周同比指数
农产品批发价格总指数	2146408818	100.00	——	——	——	102.44	106.37
1. 粮食	289607392	13.49				100.06	102.13
1.1 粳米	121585840	53.80				100.00	99.84
E000054 粳米	37491943	——	4.78	4.78	4.77	100.00	100.21
E000055 粳米	5346408	——	5.01	5.01	5.01	100.00	100.00
E000056 粳米	19469349	——	4.87	4.87	4.85	100.00	100.41
E000057 粳米	3791068	——	5.09	5.09	5.08	100.00	100.20
E000058 粳米	33697569	——	4.82	4.82	4.84	100.00	99.59
E000059 粳米	5657514	——	5.22	5.22	5.22	100.00	100.00
E000060 粳米	10879323	——	4.64	4.64	4.71	100.00	98.51
E000061 粳米	5252666	——	4.97	4.97	4.98	100.00	99.80
1.2 富强粉	27910750	12.35	——	——	——	99.85	100.01

续表

商品类别及品名	本周成交总额（元）	权数（%）	本周均价	上周均价	去年同周均价	周环比指数	周同比指数
E000046 富强粉	8175188	——	3.38	3.38	3.36	100.00	100.6
E000047 富强粉	4260405	——	3.45	3.45	3.54	100.00	97.46
E000048 富强粉	11405219	——	3.35	3.36	3.35	99.70	100
...	...	...	...	...	...	...	...

3.5　农产品批发价格指数计算及结果评价

3.5.1　农产品批发价格指数计算

以 2013 年 1 月至 2014 年 12 月北京市产品批发价格数据为例，计算农产品批发价格指数，其计算步骤如下：

1）确定指数范围。农产品批发价格指数范围包括大类指数（蔬菜、粮食、油脂、肉禽、蛋、水果、水产品），基本分类指数，代表品价格变动数。

2）确定指数频度及时间区间为周度、旬度、月度。

3）确定指数种类。分为环比、同比和同比累计。北京市农产品批发价格环比指数和同比指数分别计算。与计算环比指数类似，农产品批发价格指数同比是由代表规格同比价格变动数（代表规格品报告期价格与去年同期价格相比）为基础计算得来的。

4）确定加权方法。根据报告期成交额计算基本分类和大类的权数。

另外需要说明的是，对于数据处理，要对各个代表品的数据质量进行检查，及时删除价格监测中心不再进行价格监测的代表品和数据缺失严重的代表品，对数据缺失较少的代表品的价格进行线性差分处理，为每个基本分类指数挑选合适的代表品。

3.5.2　与外部指数对比

农业部发布的全国农产品批发价格指数和国家统计局公布的全国农产品生产者价格指数可以作为外部指数与北京农产品批发价格指数进行对比。下面简单介绍这两种指数的编制方法。

全国农产品批发价格指数是一个包括全国批发价格个体指数、农产品小类批发价格指数、农产品大类批发价格指数和全国农产品批发价格总指数的指数群，采用帕式公式计算。关于权数的确定，从理论上讲，应采用全国农产品各品种的实际批发额之比重为权数。然而就目前的信息采集状况，尚无法及时取得各市场实际批发成交量资料，因此全国农产品批发价格指数主要利用其他相关资料（如市场成交额和产量等）进行推算和估计，以得到与各品种实际交易量比重尽可能一致的一组权数。全国农产品批发价格所包含的产品分类和代表品种类的选取与我们编制的北京市农产品批发价格指数类似，具有较强的可比性。但是由于全国农产品批发价格指数中数据采集范围覆盖全国，我国地域广阔，不同地域生产的农产品品种、产量差异较大，因此全国农产品批发价格和北京农产品批发价格在变化趋势上类似，但在变化幅度上可能存在较大差异，从而导致两个指数值可能会存在一定的差异。

农产品生产者价格指数是由国家统计局编制的，是反映一定时期内农产品生产者出售农产品价格水平变动趋势及幅度的相对数。该指数可以客观反映全国农产品生产价格水平和结构变动情况，更能直接影响到农产品的市场批发价格。理论上说，生产过程中所面临的价格波动将反映至最终产品的价格上，因此农产品的生产价格指标应该是其批发价格指标的一个重要先行指标，有必要对这两种指数进行对比，以探求影响农产品批发价格指数变动的原因，评估批发价格指数的科学性，预测未来批发价格的走势。

农产品生产者价格指数计算中，代表品生产者价格指数是通过对全部有出售该产品行为的调查单位的个体指数进行几何平均求得的，大、中、小类价格指数是通过对其所属的类（或代表品）的价格指数进行加权平均求得的。这与我们计算农产品批发价格指数的方法相同，因此这两种指数具有可比性。

北京市农产品批发价格指数的指数体系包括 7 个大类，分别是粮食、食用油、肉禽、蛋、蔬菜、水果、水产品。而农产品生产者价格指数是从种植业产品、林业产品、畜牧业产品和渔业产品进行划分的，再进一步细分，种植业产品分为谷类、大豆、油料、棉花、糖料、蔬菜、水果，畜牧业产品分为猪、牛、羊、家禽、蛋类、奶类，渔业产品分为海水养殖产品、海水捕捞产品、淡水养殖产品和淡水捕捞产品。因此，这两种指数的指数体系不同，农产品批发价格指数侧重于分析北京居民对农产品的消费状况，而农产品生产者价格指数更侧重于分析农业产业生产状况和产业结构。

对农产品批发价格指数和上述两种外部指数的对比，可利用相关表和相关图来反映两个变量之间的相互关系及其相关方向，通过计算两者间相关系数来评价彼此的相关程度。相关系数接近于 1，说明两个指数相关性高，分析它们之间的关系就更有意义。通过相关图可以看出两指数的变动趋势和幅度是否相关，以及是否有先行滞后的关系，对于未来价格走势预测有着重要的意义。

相关系数一般用 r 表示，其计算公式如下：

$$r = \frac{\sum_{i=1}^{n}(x_i - \bar{x})(y_i - \bar{y})}{\sqrt{\sum_{i=1}^{n}(x_i - \bar{x})^2 \cdot \sum_{i=1}^{n}(y_i - \bar{y})^2}}$$

$$= \frac{n\sum_{i=1}^{n}x_i y_i - \sum_{i=1}^{n}x_i \cdot \sum_{i=1}^{n}y_t}{\sqrt{n\sum_{i=1}^{n}x_i^2 - (\sum_{i=1}^{n}x_i)^2} \cdot \sqrt{n\sum_{i=1}^{n}y_i^2 - (\sum_{i=1}^{n}y_i)^2}}$$

其中 x 和 y 分别代表两个不同指数在 n 期的指数值。

3.5.3 农产品批发价格指数结果评价

本小节根据 2013 年 1 月至 2014 年 12 月期间采集的历史数据计算出北京市农产品批发价格指数，包括北京市农产品批发价格总指数和各大类指数；并将计算的北京市农产品批发价格总指数与农业部发布的全国农产品批发价格指数进行对比。北京市农产品批发价格指数基本能够反映农产品的生产、供需情况和价格变动趋势，但与全国农产品批发价格指数比较发现，尽管两种指数的变动趋势相似，但由于北京地区农产品消费习惯与全国的情况存在一定的差异以及受变动权数的影响，北京农产品价格指数波动较大。

3.5.3.1 北京市农产品批发价格总指数

北京市 2013—2014 年农产品批发价格指数与同期全国农产品批发价格指数、农产品生产者价格指数对比情况见图 3—1、图 3—2。

图 3—1　2013—2014 年北京市农产品批发价格指数与外部指数对比——环比

图3－2　2013—2014年北京市农产品批发价格指数与外部指数对比——同比

经计算，北京市农产品批发价格环比指数与农业部发布的全国农产品批发价格指数的相关系数为0.6796，如图3－1所示，走势基本一致，但北京市农产品批发价格指数整体波动略大。存在差异的原因主要是北京地区在气候及农产品季节性特征、品类和消费结构上与全国有所不同。统计部门发布的农产品生产者价格环比季度指数波动比较平缓，北京市农产品批发价格环比指数与之相比，走势略微滞后，某种程度上体现了生产和批发环节的先后次序。

经计算，北京市农产品批发价格同比指数与农业部发布的全国农产品批发价格指数的相关系数为0.8437，如图3－2所示，走势基本一致，同样，北京市农产品价格批发指数整体波动略大。而统计部门发布的农产品生产者价格同比季度指数波动更为平缓。

3.5.3.2　粮食批发价格指数

2013—2014年北京市粮食批发价格指数走势见图3－3。

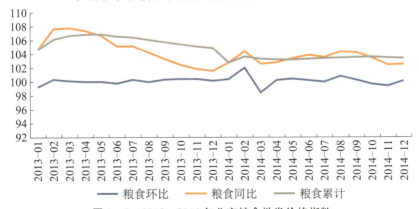

图3－3　2013—2014年北京粮食批发价格指数

如图 3－3 所示，2013—2014 年北京市粮食批发价格环比和同比指数基本保持平稳，这与我国采取平稳的粮食价格政策有关，也比较确切地反映了北京市粮食市场价格平稳的现实情况。

3.5.3.3 油脂批发价格指数

2013—2014 年北京市食用油批发价格指数走势见图 3－4。

图 3－4 2013—2014 年北京市食用油批发价格指数

如图 3－4 所示，2013—2014 年北京市油脂批发价格环比指数波动不大，而同比指数则出现了较大幅度的下降，这主要受到国家对大豆进出口政策进行调整以及国内大豆种植面积变化的影响，基本反映了真实市场情况的变化。

3.5.3.4 肉禽批发指数

2013—2014 年北京市肉禽批发价格指数走势见图 3－5。

图 3－5 2013—2014 年北京市肉禽批发价格指数

如图 3-5 所示，2013—2014 年北京市肉禽批发价格环比指数总体比较平稳，而同比指数波动较大，这种情况出现的原因是北京周边地区在该时段爆发了禽类疫情。肉禽批发价格指数较好地反映了市场的波动情况。

3.5.3.5 蛋批发价格指数

2013—2014 年北京市蛋批发价格指数走势见图 3-6。

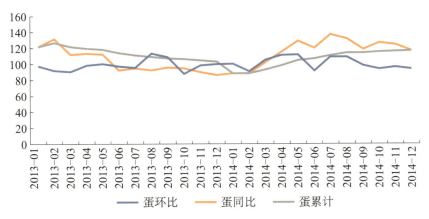

图 3-6 2013—2014 年北京市蛋批发价格指数

如图 3-6 所示，2013—2014 年北京市蛋批发价格指数的波动比较频繁，这与产蛋季节和该时段禽类疫情的爆发情况基本吻合，指数较客观真实地体现了市场价格的变动情况。

3.5.3.6 蔬菜批发价格指数

2013—2014 年北京市蔬菜批发价格指数走势见图 3-7。

图 3-7 2013—2014 年北京市蔬菜批发价格指数

如图 3—7 所示，2013—2014 年北京蔬菜批发指数呈现季节性波动的特点，主要是受蔬菜生产季节和运输环节影响，指数较真实地反映了蔬菜市场价格的波动情况。

3.5.3.7 水果批发价格指数

2013—2014 年北京市水果批发价格指数走势见图 3—8。

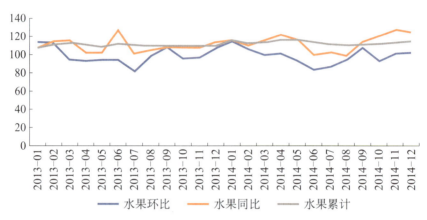

图 3—8 2013—2014 年北京市水果批发价格指数

如图 3—8 所示，2013—2014 年北京水果批发价格指数呈现季节性波动的特点，主要是受水果生产季节和运输环节影响，指数较真实地反映了水果批发市场价格的波动情况。

3.5.3.8 水产品批发价格指数

2013—2014 年北京市水产品批发价格指数走势见图 3—9。

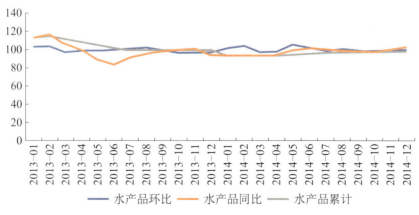

图 3—9 2013—2014 年北京市水产品批发价格指数

如图 3－9 所示，2013—2014 年北京水产品批发价格环比指数总体波动不大，而同比指数在 2013 年上半年出现了较大程度的下降，主要原因是中央出台"八项规定"后，各地对水产品的需求有所下降，导致水产养殖业有所调整。水产品批发价格指数较准确地反映了水产品批发市场的真实情况。

北京市生活必需品价格指数编制

4.1 目标和任务

北京市生活必需品价格指数编制的目标和任务，是建立反映北京市居民生活必需品终端消费价格变化的指标体系，编制其价格指数。首先，北京市生活必需品价格指数体系设计应具有全面性和代表性。对于北京市民经常食用的食品，购买的衣服鞋帽、家居用品、交通通讯服务、文化娱乐服务和房租及水电煤气物业费等居住服务支出要有全面的覆盖；同时，又要针对各种商品和服务消费的特点选取合适的代表品，代表品的价格水平和变动幅度应与所属类别的大部分商品或服务一致，所选择的代表品消费量在所在类别中应该占有较大的比重；而且所选择的代表品应该是市场上主流稳定的品牌，这样才能保证能够连续对其价格进行采样，保证所采价格的可比性。其次，采价点、采价流程、数据录入和数据审核应该统筹规划，采价点应选取居民经常购买日常生活用品的超市和市场，采价员应定时定点采集代表品价格，采价同时进行数据录入和校验。最后，对所采数据的分析和处理，应本着科学性和实事求是原则。一方面要确保源头数据的真实性，发掘数据中体现的价格变化；另一方面对于输入错误或非常规因素引发的与市场整体趋势不符的数据，要及时纠正，保证最终指数结果客观地反映北京市生活必需品市场价格变动状况。

4.2 指数体系设计

4.2.1 指数分类

按商品和服务项目共划分为 8 个大类，具体包括食品、烟酒、衣着、家庭设备及用品、医疗保健、交通和通信费、文娱用品及服务、居住等 8 大类。8 个大类又设 29 个中类、101 个基本分类，选择了 269 种代表规格品，详细信息参见本书附录。下面对 8 大类的设计进行详细说明。

（1）食品类

食品类是生活必需品指数体系中最为重要的分类，包括粮食、食用油、肉禽及其制品、蛋、水产品、蔬菜、水果、调味品和其他食品 9 个中类，涵盖北京市民日常食品消费的所有品种。

粮食中类包括大米、面粉、杂粮和粮食制品 4 个基本分类。其中：大米以散装粳米为代表品；面粉有 5 公斤袋装富强粉和标准粉两个代表品；杂粮则包含散装玉米面、小米、黄豆、花生米、江米、绿豆和红小豆 7 个代表品；而粮食制品代表品设定考虑到北京市民的饮食习惯，包含饼干、切面、大饼和强化应营养面包 4 个代表品。

（2）烟酒类

烟酒类分为烟和酒 2 个中类，其中：烟中类包括国产卷烟基本分类；酒中类包括啤酒、白酒、葡萄酒 3 个基本分类。各基本分类的代表品选择原则是：采用消费额较大，且价格属于中低层次的商品。

（3）衣着类

衣着大类分为男士服装、女士服装、儿童服装、鞋和床上用品 5 个中类。其中：男士服装、女士服装和儿童服装分别设上装、下装和袜子等基本分类；鞋中类分为男鞋、女鞋和童鞋 3 个基本分类；床上用品包含毛毯、床单、床罩、被套 4 个基本分类。

（4）家庭设备及用品类

家庭设备及用品类分为家庭耐用消费品和家庭日化用品 2 个中类。其中：家庭耐用消费品主要指以热水器、洗衣机、冰箱等为基本分类的家用电器；家庭日化用品主要指洗护用品和清洁用品。

（5）医疗保健类

医疗保健类分为医疗服务、中药和西药 3 个中类。其中：医疗服务中类包括挂号费、诊查费等 7 个基本分类的医院收费项目；中药分为中药材和中成药 2 个基本分类；西药下不设基本分类，由典型代表品直接构成 1 个基本分类。

（6）交通和通信类

交通和通信费类分为交通费和通信费 2 个中类。其中：交通费分为市区公共交通、出租车收费和长途汽车费 3 个基本分类；通信费分为固定电话费、移动电话费、上网费和移动电话机 4 个基本分类。

（7）文娱用品及服务类

文娱用品及服务类分为文娱用品、报纸杂志、文娱费和教育费 4 个中类。其中：文娱用品中类包括彩色电视、数码照相机和电脑 3 个基本分类；报纸杂志包括报纸和杂志 2 个基本分类；文娱费包括公园门票和有线电视收费 2 个基本分类；教育费包括大学学费、高中学费和保育教育费 3 个基本分类。

（8）居住类

居住类分为房租、水电燃料 2 个中类。其中：房租分为一居、二居和三居 3 个基本分类；水电燃料分为居民用水、居民用电、管道天然气和其他燃料 4 个基本分类。

4.2.2　监测频度与统计口径

生活必需品价格指数编制频度以月度为主，旬度监测作为辅助。从指数体系上看，生活必需品价格指数包括总指数、大类指数、中类指数、基本分类指数和代表规格品指数。从类别上看，具体包括 3 类价格指数：环比指数、同比指数、累计同比指数。在指数计算过程中，首先通过代表品价格变动率的计算来进行基本分类的环比指数的构建。然后，根据所采用的权数方案，利用固定权数加权平均的方法，从基本分类环比指数向上合成中类和大类的环比指数。

基本分类、中类、大类和总指数的同比价格指数由环比指数来换算；基本分类、中类和大类、总指数的累计同比指数由相应的同比价格指数换算。

4.3　监测方案

4.3.1　监测点的选择

为建立和健全北京市价格监测制度，了解和掌握居民生活必需品和服务价格运行情况，及时、准确反映生活必需品和服务价格变动趋势和程度，通过搜集、整理北京市居民生活必需品和服务项目价格及相关数据，进一步提高北京市价格监测和预警水平，为政府部门制定价格调控政策提供真实可靠的数据依据。

对食品类价格的监测，我们选择零售量较大的商场（店）、超市、农贸市场、服务网点等，地理位置覆盖了北京 16 个区县，包括：东城区、西城区、朝阳区、丰台区、石景山区、海淀区 6 个核心城区；门头沟区、房山区、通州区、顺义区、昌平区、大兴区 6 个近郊区；怀柔区、平谷区、密云县、延庆县 4 个远郊区县。

目前，食品类采价点包括 17 个大型超市和 38 个农贸市场。家用电器的采价点包括百货大楼、北京城乡贸易中心、翠微大厦、大中电器西城区牛街店、蓝岛大厦、双安商场、西单商场、长安商场。烟酒、日用品、服装类零售价格采价点共包括 28 个客流量较大的商场以及超市，地理位置覆盖整个北京市。住宅租赁价格的采集主要来自 5 家房地产中介公司的上报数据，住宅分布范围覆盖北京城 6 区和通州、顺义、昌平、大兴 4 个近郊区。医疗费的采集点有北京第六医院和垂杨柳医院。水电燃气费和教育类的价格采集点覆盖整个北京城区及各区县。

4.3.2　监测样本品种的选择

监测样本品种按商品和服务项目共划分为 8 个大类，包括食品、烟酒、衣着、家庭设备及用品、医疗保健、交通和通信费、文娱用品及服务、居住类。这 8 个大类共分为 101 个基本分类，选择了 269 种代表规格品。具体分类和代表规格品见本书附录。

对于 8 个大类的代表规格品的选择，遵循普通市民消费量大、销售额较大，与居民生活密切相关并能及时反映北京普通居民生活水平的主要代表商品和服务类代表品。

4.3.3　监测方式

4.3.3.1　监测频率

对于与居民生活密切相关的商品，如粮、油、肉、蛋、鲜菜、水产品、鲜果价格每天监测一次，个别农副产品价格每周监测一次；其他食品、烟酒、衣着、家庭设备用品价格每旬监测一次；服务项目价格每月监测一次。

4.3.3.2　监测原则与方法

主要是监测点上报。食品类价格的采集采取应急监测和日常监测两种方案。生活必需品全部价格数据，即所有代表规格品的原始价格数据，都由选中的大型超市和农贸市场以及商场的业务人员采集。

4.3.3.3　监测数据加工处理

（1）权数确定

生活必需品价格指数，既包括居民生活必需的消费品，也包括服务项目。由于生活必需品多样性和多变性的特点，采用每个报告期消费量确定可变权数的方法难以适应品种的变化，且数据采集难度大。因此，生活必需品价格指数采用固定权数法，以一段时间内居民消费支出构成为权数，辅之以典型调查数据进行补充完善，今后根据实际情况变化再行调整。

如果从监测市场上生活必需品价格水平变化角度看，其权数资料可来源于社会消费品零售额和相关服务行业的收入。但是，一方面，由于政府统计部门发布的全市零售额数据只有吃、穿、用、烧 4 大分类，详细分类数据均为规模以上企业上报的，无法进行拆分，更无法与服务行业收入结合使用；另一方面，与农产品批发市场上报数据不同，生活必需品价格监测点只上报价格，不上报销售额和营业收入。即使上报销售额，全部监测点销售总额构成对全市也没有代表性，所以只能借鉴居民消费价格指数权数编制方法，使用北京市城镇居民家庭生活消费支出调查资料整理计算。由于从 2013 年 1 月起计算生活必需品环比价格指数，一般来说应采用 2012 年北京市城镇居民家庭人均消费性支出数据，但考虑到一年的数据缺乏稳定性，我们搜集了 2010 年、2011 年和 2012 年 3 年的数据，并计算了 3 年的平均消费性支出，大类、中类和基本分类平均支出，以及各类消费额所占比重，缺失项使用典型调查资料予以补充，以此作为权数，今后将根据北京市居民消费结构的变化对权数进行更新和调整。

（2）季节调整

考虑到蔬菜、水果价格受季节影响变化较大，在计算蔬菜、水果类价格指数时，应考虑剔除季节因素的影响，对价格做季节调整，主要体现在价格变动数的计算方法上，具体如下：

1）计算代表规格品价格相对数。其计算公式为：

$$G_t = P_{ti} / \overline{P}_{(t-1)i} \times 100\%$$

上式中，G_{ti} 为第 i 个代表规格品报告期价格与上年年平均价格相比的相对数，P_{ti} 为代表规格品 i 当期的价格，$\overline{P}_{(t-1)i}$ 为上年全年该代表规格品的年平均价格。

2）计算基本分类环比指数。根据所属代表规格品相对数，采用几何平均法计算各基本分类指数。计算公式为：

$$K_t = \frac{\sqrt[n]{G_{t,1} \times G_{t,2} \times \cdots \times G_{t,n}}}{\sqrt[n]{G_{(t-1),1} \times G_{(t-1),2} \times \cdots \times G_{(t-1),n}}} \times 100\%$$

其中 $G_{t,1}$、$G_{t,2}$、……、$G_{t,n}$ 分别为第 1 个至第 n 个代表规格品报告期（t 期）与上年年平均价格对比的相对数。

3）用报告期价格与上年平均价格相比的指数，除以上月价格与上年平均价格相比的指数，换算出蔬菜、水果环比价格指数，这样就剔除了季节因素的影响。

（3）数据审核与异常值处理

原始数据采集质量是价格指数测算的基本保障。对于数据审核工作，数据审核人员每天要对大量的原始数据进行审核，需要有效的审核规则制度作为审核依据，以提高工作效率，保证审核效果。数据审核的核心目标是减少数据错报、漏报和虚报，及时发现问题，保证数据质量。因此，针对数据缺失、错报和虚报，分别以同一代表品的历史数据和同一时刻不同采价点数据为参照，数据审核制度设计和初步测算如下：

1）给出报告期报送数据缺失比率，以及同一代表品历史数据缺失比率。报告期报送缺失比率高于历史数据缺失比率两个标准差或某经验值的给出红色警示。

2）给出报告期报送数据后，连续不变期数。连续不变期数高于同一代表品连续不变期数两个标准差或某经验值时给出红色警示。通过对粮食中随机选择代表品测算，连续不变期数最高值为 15 期。

3）计算报告期环比价格变动率。与历史平均价格变动率相比，高于或低于一个或两个标准差或某经验值时给出红色或蓝色警示。通过对粮食和果菜的测算，以两个标准差为判别依据，90％以上粮食代表品异常值报警比率在 2％以下；90％以上蔬菜类代表品异常值报警比率在 3.5％以下。

4）计算报告期环比价格变动率，与同期所有商品在所有采价点平均价格变动率平均值相比，高于或低于两个标准差或某个经验值给出红色或蓝色警示。

4.4　食品类指数编制方法与结果

4.4.1　指数编制方法

4.4.1.1　代表规格品价格变动率的计算

代表规格品的旬、月度平均价采用简单算术平均方法计算，先计算规格品在一个监测点的平均价，再根据各个监测点的平均价计算全市旬、月度平均价。计算公式为：

$$P_i = \frac{1}{m} \sum_{j=1}^{m} \left(\frac{1}{n} \sum_{k=1}^{n} P_{ijk} \right) = \frac{1}{m} \sum_{j=1}^{m} P_{ij}$$

其中：P_{ijk} 为第 i 个代表规格品在第 j 个价格监测点的第 k 次监测价格；P_{ij} 为第 i 个规格品第 j 个监测点的旬、月度平均价格；m 为监测点的个数，n 为监测次数。

4.4.1.2　基本分类环比指数计算

基本分类指数由规格品相对数的几何平均计算得到，具体计算方法如下：

（1）规格品相对数的计算

设 G_i 为第 i 个代表规格品在报告期价格与上一期价格对比的相对数，其计算公式为：

$$G_{ti} = P_{ti} / P_{(t-1)i} \times 100\%$$

（2）基本分类环比指数的计算

根据所属代表规格品相对数，采用几何平均法计算各基本分类指数，计算公式为：

$$K_i = \sqrt[n]{G_{t1} \times G_{t2} \times \cdots\cdots \times G_{tn}} \times 100\%$$

其中，G_{t1}、G_{t2}、$\cdots\cdots$、G_{tn} 分别为第 1 个至第 n 个代表规格品在报告期与基期价格对比的相对数。

4.4.1.3　中类及以上环比指数计算

中类指数由基本分类指数加权平均计算得到。其计算公式为：

$$\bar{K} = \frac{\sum K_i W_i}{\sum W_i} \ (i = 1, 2, \ldots n)$$

其中：$\bar{K}$ 代表中类指数，K_i 代表基本分类指数，i 代表分类顺序号，W_i 为对应类的权数。

大类指数由中类指数加权平均计算得到。其计算公式为：

$$\bar{K} = \frac{\sum K_i W_i}{\sum W_i} \ (i = 1, 2, \ldots n)$$

其中：$\bar{K}$ 代表大类指数，K_i 代表中类指数，i 代表分类顺序号，W_i 为对应类的权数。

4.4.1.4　不同种类指数的换算

系统以月度环比指数计算为基础，其他类型指数可根据相应的公式换算生成。计算环比指数时：第一，用户选择要计算的时间区段和所采用的指数设置（及权数）；第二，系统检查所选时间区段内数据和权数是否完整，并让用户可以查看监测数据和权数值，对其进行缺失补齐或异常值修正（这里的监测数据修改不进入原始监测数据库，对权数的调整，用户可选择将其保存到数据库）；第三，计算生成指数，显示计算结果，用户可选择将结果导出或保存到数据库。

同比指数的计算采用环比指数连乘的方式得到。例如，对于月同比指数 Y_t，可由环比指数 X_{t-12} 到 X_t 相乘得到，即：

$$Y_t = \prod_{i=t-12}^{t} X_i$$

4.4.2 指数计算结果

下面我们采用前述指数编制方法，对 2013 年 1 月—2014 年 12 月北京市食品价格监测数据进行整理，并计算食品类指数、中类指数（蔬菜、粮食、油脂、肉禽、蛋、糕点饼干面包、液体乳及乳制品、水果、水产品）、基本分类指数和代表品价格变动数。

具体步骤：检查北京市生活必需品和服务价格监测目录中食品类数据质量，确定数据时间可用、数据缺失不严重的代表品，并根据代表品的实际情况对北京市生活必需品和服务价格监测目录中各个类别的权数进行合理的调整。

4.4.2.1 食品类指数计算结果

北京市食品类价格环比指数与统计部门发布的北京市 CPI 中食品类价格环比指数走势基本一致，2013 年 1 月至 2014 年 12 月两个指数的相关系数为 0.88，数据序列图如图 4－1 所示。

图 4－1　2013—2014 年北京市食品类价格环比指数比较

如图 4－1 所示，2013—2014 年北京市食品类环比价格指数总体平稳，呈略微上升趋势，两年均年初指数处于高位，春节过后指数回落，到年中达到当年的谷底，随后逐步上升，年底达到高峰。北京市食品类价格环比指数整体趋势和波动特征均与统计部门发布的北京市 CPI 食品类价格环比指数类似，能够反映生活必需品价格中食品类的价格总体趋势和涨跌变化，作为食品类价格监测的重要参考。

4.4.2.2 食品类中分类指数计算结果

（1）粮食类环比

北京市粮食类价格环比指数与北京市 CPI 中粮食类环比指数对比，除 2013

年 4、5 月份相差较大外，其他月份数据走势也基本一致，两个指数的相关系数为 0.59，数据序列图如图 4－2 所示。

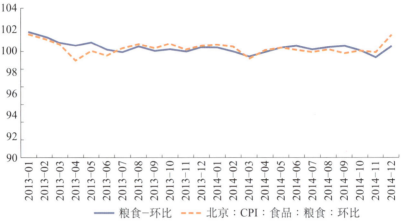

图 4－2 2013—2014 年北京市粮食类价格环比指数比较

如图 4－2 所示，2013—2014 年北京市粮食类价格环比指数总体平稳，2014 年 3 月的低点和 2014 年 11 月的价格回升与统计部门发布的北京市 CPI 食品类中粮食价格环比指数类似，能够反映粮食价格总体趋势和涨跌变化。

（2）食用油类环比

北京市食用油类价格环比指数与北京市 CPI 中油脂类价格环比指数两者的相关系数为 0.64。其走势如图 4－3 所示。

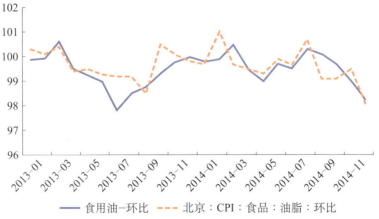

图 4－3 2013—2014 年北京市食用油价格环比指数比较

如图 4－3 所示，2013—2014 年北京市食用油价格指数与食品中其他分类相比波动略大。2013 年下半年的价格低点与 2014 年年初和年中的两次价格上升趋势与统计部门发布的北京市 CPI 食品类油脂价格环比指数虽有前后差异，但基本一致。因本书所统计的食用油指数与统计局油脂指数所涵盖的代表规格品略有不同，虽然涨跌时点有所差异，但总体上仍然与统计局发布的油脂指数一致，能够作为油脂价格监测的指标。

（3）蛋类环比

北京市蛋类价格环比指数与北京市 CPI 中蛋类价格环比指数两者的相关系数为 0.97。具体走势见图 4—4。

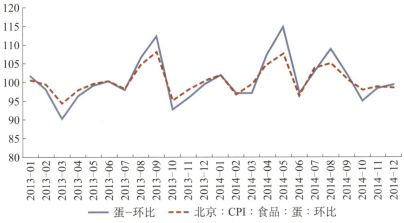

图 4—4　2013—2014 年北京市蛋类价格环比指数比较

如图 4—4 所示，2013—2014 年北京市蛋类价格指数呈较明显季节性波动，在年终和年初有小幅上升，春节后回落，而春夏两季价格又有明显攀升。我们编制的蛋类环比指数与北京市 CPI 食品类中的蛋类环比指数整体走势一致性较强，能够很好地用于蛋类价格监测。

（4）蔬菜类环比

北京市蔬菜类价格环比指数与北京市 CPI 中鲜菜类价格环比指数两者相关系数为 0.93。具体走势如图 4—5 所示。

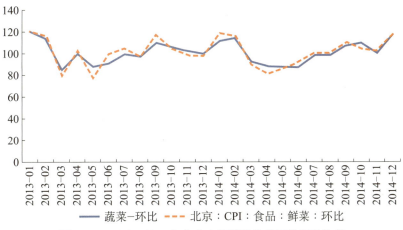

图 4—5　2013—2014 年北京市蔬菜类价格环比指数比较

如图 4—5 所示，北京市蔬菜类价格指数在 2013—2014 年同样呈现较明显的季节性波动，在年终和年初小幅上升，春节后回落，而秋季价格波动上升，与统计部门发布的北京市 CPI 食品类中的蔬菜价格环比指数整体走势一致，比较准确地反映了价格波动的模式和拐点，可有效地反映北京市蔬菜价格的变化情况。

（5）水果类环比

北京市水果类价格环比指数与北京市 CPI 中鲜果类价格环比指数两者的相关系数为 0.64。具体走势如图 4—6 所示。

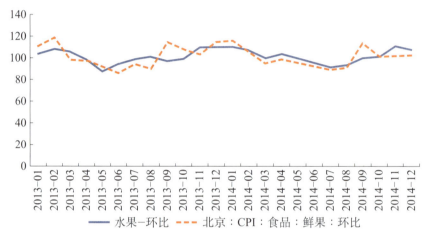

图 4—6　2013—2014 年北京市水果类价格环比指数比较

如图 4—6 所示，北京市水果类价格指数在 2013—2014 年呈现较为平缓的波动。季节性方面，在年终和年初略有上升，夏季水果价格处于低位，与统计部门发布的北京市 CPI 食品类中的水果价格环比指数在高低点出现时刻上略有差异，但整体走势基本一致，可用于北京市水果价格监测。

4.5　房租类指数编制方法与结果

4.5.1　房租类指数编制方法

北京市生活必需品价格指数中，居住类下的房租中类包括 3 种与不同基期比较的指数，分别为：旬度、月度环比指数，月度同比指数和累计同比指数。房租中类指数包含一居、二居、三居 3 个基本分类指数，中类指数由基本分类环比指数加权平均计算；基本分类的旬度、月度同比指数由环比指数推算；累计同比指数由同比指数推算。

4.5.1.1　房租中类环比指数的计算方法

（1）代表品平均价格的计算

房租类指数中的代表品为某一代表区域的指定户型的每平方米月租金。代表区域划分依据由北京市住房和城乡建设委员会制定，编码参见表4-2。代表品平均价格，即为指定区域指定户型所有中介报送的租金的每平方米月均价格。月度平均价采用数量加权方法，计算指定时间段内中介报送的该区域所有指定户型的总月租金与总面积的比值。计算公式为：

$$P_i = \frac{\sum_{j=1}^{m} R_{ij}}{\sum_{j=1}^{m} A_{ij}}$$

其中：P_i 为第 i 个代表区域的每平方米租金；R_{ij} 为第 i 个代表区域的第 j 个房屋的租金；A_{ij} 为第 i 个代表区域的第 j 个房屋的面积；m 为第 i 个代表区域所有中介提交的房屋出租数量。

由于不同月份各中介成交量波动较大且楼盘分布不均衡，若以上报中介为单位平均后再进行平均，会导致不同楼盘房屋在平均价格计算中所占比重产生较大波动。而不同中介的房租平均价格监测分析价值不大。因此，未采取类似一般生活必需品指数中先依据采价点平均、再依据中介平均的算法。

（2）月环比指数的计算（方法与食品类指数相同）

1）代表品价格变动相对数的计算。

设 G_i 为当前指数计算时间内第 i 个代表品报告期价格与上一期价格对比的相对数。其计算公式为：

$$G_{ti} = P_{ti} / P_{(t-1)i} \times 100\%$$

2）基本分类环比指数的计算。

对于一居租金、二居租金、三居租金三个基本分类环比指数，根据其对应的代表品相对数（即各个代表区域每平方米月租金变化率），采用几何平均法计算各基本分类指数。其计算公式为：

$$K_i = \sqrt[n]{G_{t1} \times G_{t2} \times \cdots\cdots \times G_{tn}} \times 100\%$$

其中：G_{t1}、G_{t2}、……、G_{tn} 分别为第 1 个至第 n 个代表规格品（代表区域）在报告期与基期价格（每平方米月租金）对比的相对数。

3）中类指数的计算。

$$\overline{K} = \frac{\sum K_i W_i}{\sum W_i} (i = 1, 2, \ldots n)$$

上式中，$\overline{K}$ 代表中类指数，K_i 代表下一级构成的大（中类、基本分类）指数，i 代表分类顺序号，W_i 为对应类的权重。在这里考虑到房租数据波动性较大，而一些不同户型之间的短期波动并不代表整个房租市场的变动，因此采用固定权数。权数的取值根据不同基本分类（即不同户型）的平均成交额比例计算，并参考相关数据进行修正。具体参见本书附录。

4.5.1.2 月度同比指数、累计同比指数的计算

（1）月度同比指数

月度同比指数由相应的环比指数连乘得到，其计算公式为：

$$K'_t = \prod_{i=t-12}^{t} K_i$$

其中：K'_t 为第 t 期的月度同比指数；K_i 为第 i 期的环比指数。

（2）累计同比指数

累计同比指数由月度同比指数简单平均得到，其计算公式为：

$$K'_t = \frac{\sum_{i=1}^{t} K_i}{t}$$

其中：K'_t 为第 t 期的累计同比指数；K_i 为第 i 期的同比指数；$i=1$ 为当年第一期时间点。

4.5.1.3 代表规格品与分类结构变动

前面所述算法为假定代表规格品与监测指数分类结构均不变化的情况下的监测数据加工处理方法。当代表规格品变动时，由于基本分类指数采用几何平均，因此，指数算法不需要大幅修改，只需要采用一个监测周期的缓冲观测期用于计算新规格品的环比指数。如果需要消除季节因素，则需要缓冲一年来计算新代表规格品的年平均价格。监测指数分类结构发生变化时，可采用原指数与新指数加权平均，并逐渐增加新指数权重的方法实现过渡。

4.5.1.4 居住类指数权数

居住类中，房租中类及基本分类权数如表 4－1 所示。

表 4－1

大类类别	中类类别	基本分类类别	权数	代表品	单位
八、居住			8.4		元/平方米
	1. 房租		20.0		元/平方米
		普通住房一居	35.0	普通住房一居	元/平方米
		普通住房二居	45.0	普通住房二居	元/平方米
		普通住房三居	20.0	普通住房三居	元/平方米

4.5.2 区域划分

房租的代表区域依据北京市住房和城乡建设委员会制定的区域划分。如表4-2所示。每个代表区域的出租房屋具有类似的房租水平。

表4-2

代表区域代码	行政区划	代表区域名称
A101	西城区	展览路月坛地区
A102	西城区	德胜门外地区
A103	西城区	新街口什刹海地区
A104	西城区	金融街地区
A105	西城区	大栅栏广内地区
A106	西城区	广外地区
A107	西城区	陶然亭白纸坊地区
A201	东城区	安定门外地区
A202	东城区	东北二环内地区
A203	东城区	东直门外地区
A204	东城区	花市前门地区
A205	东城区	天坛龙潭体育馆地区
A206	东城区	永安门外地区
A301	密云区	密云北部
A302	密云区	密云城区
A303	密云区	密云城区周边
A401	门头沟区	门头沟西部地区
A402	门头沟区	门头沟城区周边地区
A403	门头沟区	大峪龙泉城子地区
A501	怀柔区	怀柔北部地区
A502	怀柔区	怀柔城区周边地区
A503	怀柔区	怀柔城区地区
A601	房山区	房山西部地区
A602	房山区	京周路周边地区

代表区域代码	行政区划	代表区域名称
A603	房山区	良乡地区
A604	房山区	长阳地区
A605	房山区	房山东南部地区
A701	昌平区	昌平西北部地区
A702	昌平区	昌平城区
A703	昌平区	昌平城区南侧地区
A704	昌平区	温榆河周边地区
A705	昌平区	回龙观镇地区
A706	昌平区	东小口镇地区
A707	昌平区	昌平东北地区
B101	朝阳区	孙河地区
B102	朝阳区	来广营清河地区
B103	朝阳区	北苑地区
B104	朝阳区	奥运场馆周边地区
B105	朝阳区	亚运村地区
B106	朝阳区	望京酒仙桥地区
B107	朝阳区	太阳宫地区
B108	朝阳区	柳芳左家庄地区
B109	朝阳区	朝阳公园地区
B110	朝阳区	姚家园地区
B111	朝阳区	东八里庄青年路地区
B112	朝阳区	东坝地区
B113	朝阳区	机场高速五环外沿线地区
B114	朝阳区	定福庄管庄地区
B115	朝阳区	四惠甘露园地区
B116	朝阳区	CBD 地区
B117	朝阳区	双井地区
B118	朝阳区	劲松地区

续表

代表区域代码	行政区划	代表区域名称
B119	朝阳区	松榆磨坊地区
B120	朝阳区	东南三至四环地区
B121	朝阳区	东南四至五环沿线地区
B122	朝阳区	双桥农场地区
B123	朝阳区	豆各庄黑庄户地区
B201	大兴区	西红门地区
B202	大兴区	旧宫地区
B203	大兴区	大兴南部地区
B204	大兴区	大兴东部地区
B205	大兴区	大兴城区
B301	丰台区	长辛店王佐地区
B302	丰台区	梅市口路地区
B303	丰台区	京石高速三四环沿线地区
B304	丰台区	世界公园宛平地区
B305	丰台区	丰台镇地区
B306	丰台区	六里桥地区
B307	丰台区	菜户营西罗园地区
B308	丰台区	马家堡西马场地区
B309	丰台区	新发地地区
B310	丰台区	南苑地区
B311	丰台区	方庄地区
B312	丰台区	刘家窑大红门地区
B401	海淀区	上地苏家坨地区
B402	海淀区	西北旺地区
B403	海淀区	温泉地区
B404	海淀区	马连洼地区
B405	海淀区	香山地区
B406	海淀区	圆明园颐和园地区

续表

代表区域代码	行政区划	代表区域名称
B407	海淀区	杏石路口地区
B408	海淀区	永定路地区
B409	海淀区	羊坊店五棵松地区
B410	海淀区	定慧寺地区
B411	海淀区	万柳地区
B412	海淀区	中关村地区
B413	海淀区	紫竹院甘家口地区
B414	海淀区	北太平庄地区
B415	海淀区	学院路地区
B416	海淀区	学清路地区
B417	海淀区	清河地区
B418	海淀区	西三旗地区
B419	海淀区	上地地区
B501	石景山区	五里坨地区
B502	石景山区	苹果园八角金顶地区
B503	石景山区	鲁谷八宝山老山地区
B601	开发区	亦庄经济开发区
C101	平谷区	平谷城北部
C102	平谷区	平谷城区
C103	平谷区	平谷南部
C201	顺义区	赵全营被市槽地区
C202	顺义区	马坡牛栏山高丽营地区
C203	顺义区	后沙峪天竺地区
C204	顺义区	顺义城区
C205	顺义区	顺义东北部地区
C206	顺义区	顺义东南部地区
C301	通州区	宋庄潞城地区
C302	通州区	新华中仓永顺地区
C303	通州区	通州北苑玉桥梨园地区

续表

代表区域代码	行政区划	代表区域名称
C304	通州区	马驹桥台湖地区
C305	通州区	通州东南部地区
C401	延庆区	延庆地区
C402	延庆区	京包铁路沿线地区
C403	延庆区	延庆东北部地区

对于每一条房屋租赁数据，需要根据其所在地址确定其所属的代表区域。例如："西城区三里河三区1号楼"，根据其地理位置，应属于"展览路月坛地区"，代表区域代码为A101。这里"三里河三区"所对应的房屋均在"展览路月坛地区"。因此，可将"三里河三区"作为"展览路月坛"地区房屋地址的关键字。即，所有地址中包含"三里河三区"关键字的房屋，均可将其标记为属于A101展览路月坛地区。将所有房租数据按照地址关键字划分代表区域并进行人工审核后，便可按照代表区域计算房租的价格变动率。

4.5.3　数据的筛选

住房租金与其他生活必需品价格不同，其个性化较强，定价依据住房所处位置、楼盘质量等属性有较大差异。因此，在数据预处理时，不仅要去除输入错误和缺失数据，还需要对与均值相差较大的数据进行剔除，以保证指数能够反映满足普通居住需求的住房租金的变化。数据预处理步骤如下：

1）按照房屋类别和户型筛选数据。仅保留房屋类别为"住宅"、"经济适用房"，以及户型为"一居"、"二居"、"三居"的数据。

2）计算每一条房租数据的每平方米月租金，去除不合常理的极大值和极小值，以保证排除错误录入数据对数据统计和筛选的干扰。具体可按照所有样本的统计分布，去掉设定高于和低于每平方米月租金均值两个标准差以上的数据。

3）按照一居30～70平方米、二居50～100平方米、三居70～150平方米的标准对所有采集数据进行按面积过滤，去掉不在上述面积范围内的数据。

4）按户型从所有数据中去掉每个区域每月每平方米价格在均值上下两个标准差以外的数据，仅保留剩余数据用于计算。

即，对于某个区域某月的第i^*个数据的每平方米租金P_{i^*}，需要满足下面两个条件：

$$P_{i^*} \geq \frac{\sum_{i=1}^{N} P_i}{N} - 2 * \sqrt{\frac{1}{N} \sum_{i=1}^{N} \left(P_i - \frac{\sum_{i=1}^{N} P_i}{N} \right)^2}$$

$$P_{i^*} \leq \frac{\sum_{i=1}^{N} P_i}{N} + 2 * \sqrt{\frac{1}{N}\sum_{i=1}^{N}\left[P_i - \frac{\sum_{i=1}^{N} P_i}{N}\right]^2}$$

5）为剔除数据中与同区域其他房租相差较大的反常数据，定义同区域离差概念为同区域其他房屋每平方米租金均值与本区域所有房屋每平方米租金均值的比例之差，离差的绝对值在 0.7 以内。即，对于某个区域某月的第 i^* 个数据的同区域离差 $Dist_{i^*}$，定义为：

$$Dist_{i^*} = \frac{\dfrac{\sum_{i=1\cdots n} P_i}{n} - \dfrac{\sum_{i=1\cdots n, i\neq i^*} P_i}{n-1}}{\dfrac{\sum_{i=1\cdots n, i\neq i^*} P_i}{n-1}}$$

在指数计算时仅保留 ∣ $Dist_{i^*}$ ∣＜0.7 的数据进行计算。

6）在最终合成指数时，为保证数据的代表性和稳定性，仅采用月平均交易量在 5 套以上的区域参与指数计算。

在所调查时间区间内，本调查所采样的 5 家中介公司成交量之和占全市 26 家中介公司总成交量的 80％以上，因此可认为具有足够的代表性。

4.5.4 房租类指数测算及结果评价

我们根据 2013 年 1 月到 2014 年 12 月的房租数据进行房租指数的测算。采用不分区直接计算、行政区划城区、人工设定的代表区域 3 种方法计算指数。其中人工设定区域划定方法参见本书 4.5.2 节中所述方法。行政区划方法取城区 10 个区，分别为东城区、西城区、朝阳区、丰台区、石景山区、海淀区、通州区、顺义区、昌平区、大兴区。其中房山、门头沟区、怀柔区、平谷区、密云县、延庆县由于样本较少没有纳入。计算结果与北京市统计部门发布的住房租金环比指数的对比情况见表 4-3。

表 4-3

日期	一居基本分类环比指数	二居基本分类环比指数	三居基本分类环比指数	房租一环比	统计局 CPI 住房租金
2013—01	100.31	100.00	101.84	100.47	99.9
2013—02	103.31	102.87	100.07	102.46	101.1
2013—03	100.94	102.33	103.41	102.06	101.3
2013—04	101.13	100.62	99.72	100.62	100.1
2013—05	100.28	100.28	103.28	100.88	100.5
2013—06	100.99	101.04	97.47	100.31	100.3
2013—07	100.19	100.94	104.75	101.44	100.4
2013—08	99.60	100.41	99.64	99.97	100.4
2013—09	100.32	99.00	96.95	99.05	100.1

续表

日期	一居基本分类环比指数	二居基本分类环比指数	三居基本分类环比指数	房租—环比	统计局CPI住房租金
2013—10	98.96	98.41	100.46	99.01	99.8
2013—11	98.73	98.45	98.46	98.55	99.6
2013—12	99.03	99.94	99.85	99.60	99.3
2014—01	101.52	101.60	102.51	101.76	99.9
2014—02	103.36	103.04	103.50	103.24	101
2014—03	99.02	99.53	101.98	99.84	100.5
2014—04	98.63	99.49	100.75	99.44	99.9
2014—05	99.95	99.67	97.19	99.27	100
2014—06	100.62	101.45	99.88	100.85	100.4
2014—07	100.42	99.67	102.00	100.40	100.2
2014—08	100.40	100.62	100.27	100.47	99.9
2014—09	100.33	99.94	98.70	99.83	99.8
2014—10	99.49	98.59	95.23	98.23	99.9
2014—11	99.61	99.72	100.88	99.91	99.7
2014—12	99.90	100.42	99.27	100.01	99.8
标准差				1.12	0.55
相关系数				0.74	1

我们得到的房租指数和统计部门居住类下住房租金指数相关系数为0.74，指数走势对比如图4—7所示。我们编制的北京市房租指数波动略高于统计部门发布的指数，原因主要是数据来源的区域划分不同，我们纳入的区域较多，受到不同区域季节租金以及交易量不均衡的影响所致。

图4—7　2013—2014年北京市房租环比指数与CPI住房租金指数比较

5 北京市价格监测系统设计与实现

随着信息产业发展，北京市发展改革委作为现代化城市管理的主体越来越重视对信息资源的开发和利用，为了更好地了解北京各消费品市场运行整体状况，建立反映价格运行整体态势的价格指数体系，信息化手段成为数据收集、数据加工、指数计算的必然选择。

为了编制北京市农产品批发价格指数和生活必需品价格指数，北京市价格监测中心依据已建立的北京市价格监测系统，运用信息化的手段，为指数计算提供了可靠、坚实的数据支撑，并实现用信息化手段计算指数和展现指数。

通过价格监测系统建设，可以有效监测价格波动，最大限度地抑制市场恶性操作带来的市场价格异常波动的影响，有利于价格总水平的相对稳定，使广大民生真真切切地得到实惠。

5.1 系统总体设计

为更好地阐述指数的信息化实现过程，首先需从整体角度来认识北京市价格监测系统。下面从系统的总体架构、主要建设内容以及流程设计三个方面来认识该监测系统的总体设计。

5.1.1 总体架构

系统的总体架构是对北京市价格监测系统的全面认识，是系统设计思想的体现。系统总体架构如图 5—1 所示。

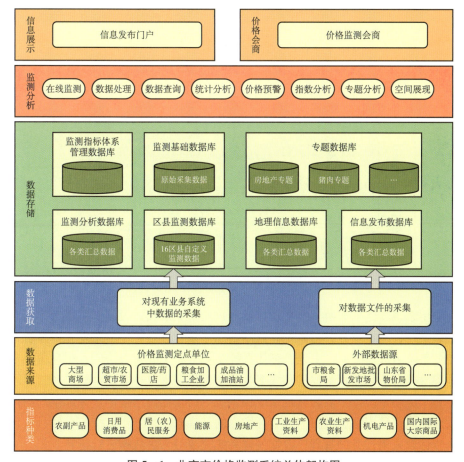

图 5—1　北京市价格监测系统总体架构图

北京市价格监测系统总体架构包括六层，分别是指标种类、数据来源、数据获取、数据存储、监测分析和信息展示。

指标种类是指按数据所需代表品的范围，划分为 9 大类数据采集领域，包括农副产品、日用消费品、居（农）民服务、能源、房地产、工业生产资料、农业生产资料、机电产品、国内国际大宗商品，累积共计 49 个小类及 650 个代表品种。

数据来源是指监测品的数据出处。主要数据来源包括北京市价格监测中心自取数据和其他外购数据，比如，北京市农业局、国家发展和改革委员会价格监测中心及本次增加的咨询公司、中介公司及京价网等。自取数据主要从大型超市、农贸市场、药店、农产品批发市场等价格监测定点单位监测获得。

数据获取与数据存储是在系统内部，对于进入系统的数据进行清洗、转换、存储的过程。

监测分析是指对获取数据进行加工、整理以及计算指数等过程。

信息展示是对所获取的各种监测数据、计算所得的指数通过信息发布门户进行展示。

下面重点介绍应用系统的架构。所谓应用系统，就是为了实现指数计算而搭建的服务于最终业务目标的软件系统。

应用系统总体框架如图5—2所示。

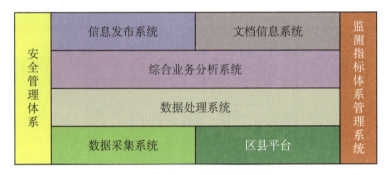

图5—2 应用系统总体框架图

应用系统总体框架由安全管理体系、数据采集系统、区县采集平台系统、数据处理系统、综合业务分析系统、监测指标体系管理系统、信息发布子系统、文档信息系统组成。其中：安全管理体系控制各个系统的安全访问、用户角色权限的管理等内容，是北京市发展和改革委的统一认证平台；监测指标体系管理系统贯穿整个应用系统，主要为其他系统提供统一的指标使用接口，保证全局指标的一致性；数据采集系统负责所有指标数据的采集；区县平台支持各个区县自定义采集指标及采集任务的管理；数据处理系统完成对采集数据进行流转、汇总等加工处理操作，将采集数据存储到监测库中，同时将监测基础数据依据专题分析、统计分析等需要进行数据二次加工处理，形成监测分析库数据；综合业务分析系统包括数据上报、数据查询、专题分析、价格预测等功能，辅助业务人员完成日常监测工作及对数据的分析；信息发布系统主要面向北京市市委市政府、市价格调控领导小组提供政府决策支持类信息服务；文档信息系统主要是对每日价格监测、两办信息、价格监测预警周报、重要商品及服务价格运行走势月度（季度、年度）分析报告等文档进行管理和归档，提供全文检索，使用户快速获取所需信息，作为当前工作的参考和指导。

5.1.2 主要建设内容

北京市价格监测系统，主要是利用信息技术手段实现对北京市市场价格变动情况的跟踪和监测，建立反映北京市居民基本生活状况和北京消费品市场运行整体状况的农产品批发价格指数和生活必需品价格指数，对所掌握的价格信息进行科学分析，及时向政府和社会公众发布价格指数，使公众和政府更好地掌握市场价格动态。

主要建设内容包括指标体系设计、数据采集与处理、指数计算、指数展示四个部分。

建立指标体系是为了进行采集数据，对数据进行分类归总，划定数据采集的范围与分类。指标体系设计的主要目的是对价格监测业务所涉及的业务对象进行抽象、设计、组织、构造与管理。

数据采集与处理，包括网上直报采集、自动采集、无线数据采集等内容。它在网上直报采集功能基础上，扩充 PDA 进一步增加采集覆盖范围，并形成对数据采集任务的统一管理、灵活的采集表定义及审核公式设置、多种数据上报方式、监测点数据上报、统一评分考核的综合数据采集管理系统。

指数计算是按照指数编制方案将通过信息化手段采集、加工、整理的数据计算为各种类型的价格指数。指数计算包括数据处理、指数汇总计算和权重调整三个部分。

指数展示是指将计算得到的指数结果以及监测的价格通过门户向外展示的过程。

本章后面的内容就按照指标体系设计、数据采集与处理、价格指数计算三个方面进行论述。

5.1.3 流程设计

从流程上讲，指数的信息化实现过程涉及指标体系的设置、数据采集、数据预处理、指数计算和指数展示等一系列过程。

要用信息化系统实现指数计算和展示，就必须对指标体系进行设置。指标体系是贯穿指数信息化实现全过程的灵魂，价格监测业务的业务对象、数据采集、数据的预处理都是在指标体系建立基础上进行的。

确定了指标体系后，就可以进行数据采集，进一步进行数据的分析。系统对于数据采集，既提供网络录入形式，也提供 PDA 手持录入的形式。而且为保证数据质量，在采集过程中要对数据进行多次审核。只有通过审核的数据才能被准许进入下一阶段，进行数据的预处理。

数据预处理是对采集来的数据进行简单的加工整理，系统提供简单的计算工具，比如求和、求平均等，这些都是为数据进行指数计算阶段做准备。

经过预处理后的数据要继续进行数据分析，剔除多余数据，对数据进行修正。同时，系统还提供对监测的农产品批发价格、生活必需品价格的走势进行预测、预警等相关处理操作。

而指数计算阶段也不仅仅就是计算指数，它包括数据分析、权重调整等多个步骤，最终才能进行汇总计算。计算得到的代表规格品价格指数、基本分类指数、中类指数、大类指数和总指数可以以图形、图表等多种呈现方式展现在网络终端和 PDA 终端。

5.2 指标体系设计

指标体系设计的主要目的是：对价格监测业务所涉及的业务对象进行设计、构造；对监测指标、监测单位等进行维护管理，从而为信息采集、数据处理、综合分析、信息发布等提供数据的分类目录、定义等基础信息。

指标体系管理主要包括品类、规格等级、产地信息、品牌等数据字典的管理维护、监测业务对象构造和管理、监测单位分级管理维护等功能。

登录北京市价格监测系统后，可以直接进入监测指标管理系统的主界面，如图 5－3 所示：

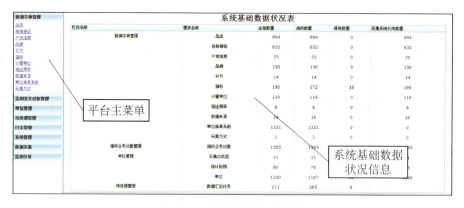

图 5－3 指标管理系统界面

指标体系设计主要包括指标体系基本概念和指标体系管理功能设计两部分。

5.2.1 指标体系基本概念

指标体系基础内容介绍指标、分组、目录三者之间的区别与联系。

目录比较容易理解，是指监测的对象，如农产品目录（水果、蔬菜…）、主要副食品目录（方便面、饼干…）。它是报表中对某些指标指定填报具体品种的规定。

而指标与统计分组是统计的两个基本要素。下面介绍指标与分组的定义，以及指标、分组、目录三者之间的相互关系。

5.2.1.1 指标

从设计形态上看，指标是反映总体数量特征的概念，如价格、销售量等。指标按具体内容和实际作用不同，可分为总量指标、相对指标和平均指标。

● 总量指标。反映客观现象总体在一定时间、地点条件下的总规模、总水平的综合指标，用绝对数表示，也称为绝对指标，如北京市农产品全年销量等。

● 相对指标。又称相对数，是两个有联系的总量指标的比率，用以反映现象之间的数量对比关系，以相对数的形式表现为百分数、千分数、系数、倍数、成数及翻番数等，也可以用复合单位表示，如车辆拥有程度用"辆/人"表示。

● 平均指标。反映总体各单位某一数量标志一般水平的综合指标，如日平均价格、月平均价格等。

按照获得的途径，指标又可分为基础指标和复合（派生）指标。其中：基础指标一般指直接采集的指标；复合指标指在基础指标的基础上通过各种方法运算和再加工而得到的指标。

5.2.1.2 分组

分组是根据采集任务的要求和监测对象内在的特点，按照一定的标志将总体所有单位划分为若干个性质不同又有联系的组成部分的方法。分组是对指标进行统计整理的主要方法，通过分组可以使同一组内各总体单位的性质相同，不同组的各总体单位性质相异，即统计分组的结果形成组内同质、组间异质。分组的作用主要表现在以下三个方面：

1）划分总体现象的类型。现象之间的差异使之构成不同的类型。不同类型的现象具有不同的特征和变化规律。通过统计分组可以把现象之间的类型加以区别，从而揭示出总体的内在特征。

2）分析现象内部的结构和比例。统计总体经过分组，被划分为若干个性质不同的部分，计算各个组成部分的总量在总体总量中所占的比重以及各个部分之间的比例关系，可以更深入地反映总体内部的结构和数量关系。

3）分析现象之间的相互依存关系。任何现象都不是孤立存在的，利用统计分组分析和研究现象之间相互联系、相互制约、相互依存的关系，有助于人们全面、深入地认识事物。

5.2.1.3 指标、分组、目录间的关系

指标、分组和目录间的关系主要有以下 4 条：

1）分组和分组的组合可以构成一个新的分组。比如，"海淀区一级苹果销售量"中的"海淀区一级"就是一个由"海淀区"分组和"一级"分组组合成的新

分组。苹果属于目录。

2）分组和目录的组合可以构成一个新的分组。比如，"一级苹果销售量"中的"一级苹果"就是一个由"一级"分组和"苹果"目录组合成的新分组。

3）分组和指标的组合可以构成一个新的指标。比如，分组"海淀区"和指标"销售量"可以构成一个新的指标"海淀区销售量"。

4）目录和指标的组合可以构成一个新的指标。比如，农产品目录中的"水果"目录项和指标"销售总额"组合后可以构成一个新的指标"水果销售总额"。

它们相互之间的关系也可以用图5－4表示：

```
分组×分组＝分组
分组×目录＝分组
分组×指标＝指标
目录×指标＝指标
```

图5－4　分组与指标关系图

总的来说，指标、分组、目录三者都是统计调查制度和统计资料中大量出现的事物，是确定统计指标数据的重要组成部分。因此，配合指数计算，必须首先制定指标、分组和目录这三项主要数据标准。

5.2.2　指标体系管理功能设计

指标体系的建设内容主要包括数据字典、指标业务对象管理和采集单位管理。数据字典的目的是对数据处理过程中的各个元素做出详细的说明。指标业务对象是具体的指标信息，它由多个具有代表性的采集指标组合而成。采集单位包含监测单位类型、统计级别、单位基本信息。采集单位类型主要包含农贸、批发、超市等；统计级别主要按照行政区域进行划分，如北京市、河南省等。

5.2.2.1　数据字典管理

价格监测系统的数据是基于指标驱动管理，根据业务规则分为品类、规格等级、产地信息、品牌、环节、指标、计量单位、报送频率、数据来源、单位换算系数、采集方式11个字典表，数据字典管理就是对这11个字典表进行数据的维护和管理。

以上数据字典表中各项词条的具体含义如下：

（1）品类

品类是指监测品种的类别。品类是按品种类别方式划分层次，层次的级别最多不超过5级。如：农副产品－＞肉禽蛋－＞猪肉就是一个监测的类。

如图5－5所示，点击左侧品类菜单，右侧显示所有品类信息列表。

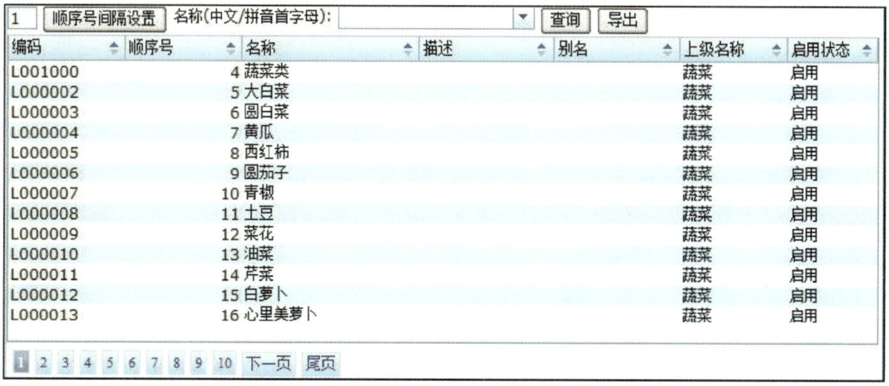

1 顺序号间隔设置 名称(中文/拼音首字母): 查询 导出

编码	顺序号	名称	描述	别名	上级名称	启用状态
L001000	4	蔬菜类			蔬菜	启用
L000002	5	大白菜			蔬菜	启用
L000003	6	圆白菜			蔬菜	启用
L000004	7	黄瓜			蔬菜	启用
L000005	8	西红柿			蔬菜	启用
L000006	9	圆茄子			蔬菜	启用
L000007	10	青椒			蔬菜	启用
L000008	11	土豆			蔬菜	启用
L000009	12	菜花			蔬菜	启用
L000010	13	油菜			蔬菜	启用
L000011	14	芹菜			蔬菜	启用
L000012	15	白萝卜			蔬菜	启用
L000013	16	心里美萝卜			蔬菜	启用

1 2 3 4 5 6 7 8 9 10 下一页 尾页

图 5—5 品类信息图

（2）规格等级

规格等级是指品类的规格型号。该功能主要是对各个品类类别的规格等级统一管理和维护。

如图 5—6 所示，点击左侧规格等级菜单，右侧显示所有规格等级信息列表。

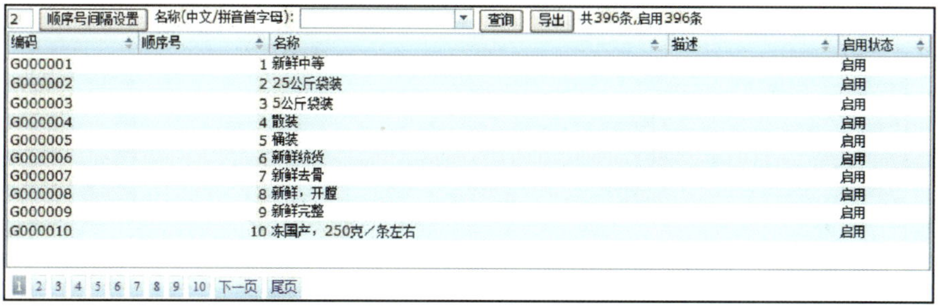

2 顺序号间隔设置 名称(中文/拼音首字母): 查询 导出 共396条,启用396条

编码	顺序号	名称	描述	启用状态
G000001	1	新鲜中等		启用
G000002	2	25公斤袋装		启用
G000003	3	5公斤袋装		启用
G000004	4	散装		启用
G000005	5	桶装		启用
G000006	6	新鲜统货		启用
G000007	7	新鲜去骨		启用
G000008	8	新鲜，开膛		启用
G000009	9	新鲜完整		启用
G000010	10	冻国产，250克/条左右		启用

1 2 3 4 5 6 7 8 9 10 下一页 尾页

图 5—6 规格等级信息图

（3）产地信息

产地信息是指监测品类的产地。该功能主要是对各个品类类别的产地信息统一管理和维护。

如图 5—7 所示，点击左侧产地信息菜单，右侧显示所有产地信息列表。

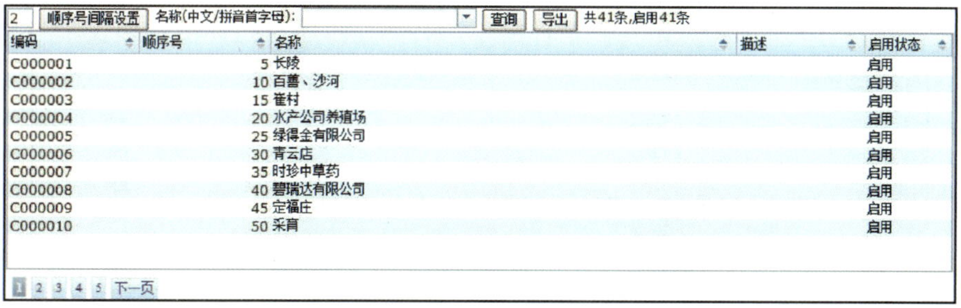

2 顺序号间隔设置 名称(中文/拼音首字母): 查询 导出 共41条,启用41条

编码	顺序号	名称	描述	启用状态
C000001	5	长陵		启用
C000002	10	百善、沙河		启用
C000003	15	崔村		启用
C000004	20	水产公司养殖场		启用
C000005	25	绿得金有限公司		启用
C000006	30	青云店		启用
C000007	35	时珍中草药		启用
C000008	40	碧瑞达有限公司		启用
C000009	45	定福庄		启用
C000010	50	采育		启用

1 2 3 4 5 下一页

图 5—7 产地信息图

（4）品牌

品牌是指监测品类的品牌信息。该功能主要是对各个品类类别的品牌信息统一管理和维护。

如图 5—8 所示，点击左侧品牌菜单，右侧显示所有品牌信息列表。

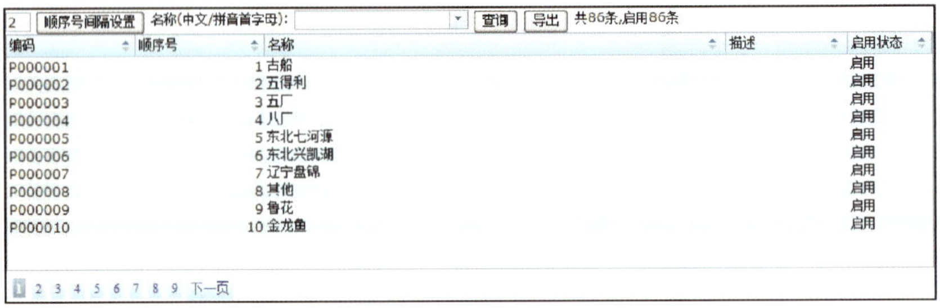

2 顺序号间隔设置 名称(中文/拼音首字母): 查询 导出 共86条,启用86条

编码	顺序号	名称	描述	启用状态
P000001	1	古船		启用
P000002	2	五得利		启用
P000003	3	五厂		启用
P000004	4	八厂		启用
P000005	5	东北七河源		启用
P000006	6	东北兴凯湖		启用
P000007	7	辽宁盘锦		启用
P000008	8	其他		启用
P000009	9	鲁花		启用
P000010	10	金龙鱼		启用

1 2 3 4 5 6 7 8 9 下一页

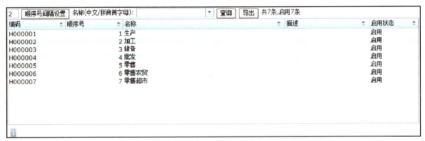

图 5—8　品牌信息图

（5）环节

环节是指品类的各个处理环节，主要包括生产、加工、储备、批发、零售 5 个环节。该功能主要是对各个品类类别的品牌信息统一管理和维护。

如图 5—9 所示，点击左侧环节菜单，右侧显示所有环节信息列表。

2 顺序号间隔设置 名称(中文/拼音首字母): 查询 导出 共7条,启用7条

编码	顺序号	名称	描述	启用状态
H000001	1	生产		启用
H000002	2	加工		启用
H000003	3	储备		启用
H000004	4	批发		启用
H000005	5	零售		启用
H000006	6	零售农贸		启用
H000007	7	零售超市		启用

1

图 5—9　环节信息图

（6）指标

指标是指监测品类的具体定义，根据品类的大类划分层次。如猪肉的批发价，其中猪肉为监测的品类，批发价为监测的指标。该功能主要是对各个品类类别的指标信息统一管理和维护。

如图 5—10 所示，点击左侧指标菜单，右侧显示所有指标信息列表。

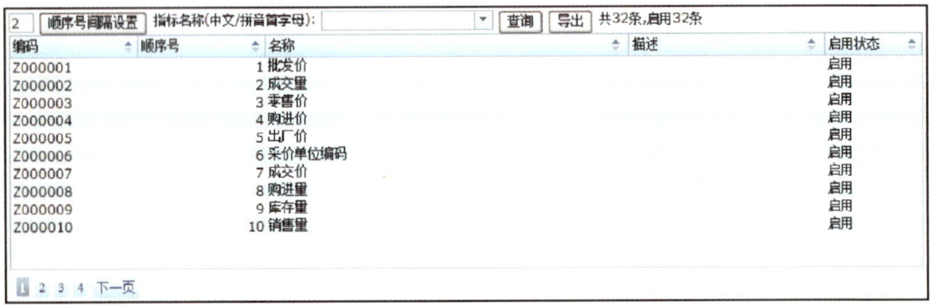

2 顺序号间隔设置 指标名称(中文/拼音首字母): 查询 导出 共32条,启用32条

编码	顺序号	名称	描述	启用状态
Z000001	1	批发价		启用
Z000002	2	成交量		启用
Z000003	3	零售价		启用
Z000004	4	购进价		启用
Z000005	5	出厂价		启用
Z000006	6	采价单位编码		启用
Z000007	7	成交价		启用
Z000008	8	购进量		启用
Z000009	9	库存量		启用
Z000010	10	销售量		启用

1 2 3 4 下一页

图 5—10　指标信息图

（7）计量单位

计量单位是指监测指标的对应计量单位，根据品类的大类别划分层次。如猪肉的批发价、零售价对应的计量单位包括元/公斤、元/克等。该功能主要是对各个品类类别的计量单位信息统一管理和维护。

如图5—11所示，点击左侧计量单位菜单，右侧显示所有计量单位信息列表。

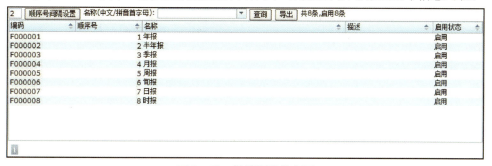

图5—11　计量单位信息图

（8）报送频率

报送频率是指监测品类的采集频率，主要包括年、季、月、旬、周、日等。该功能主要是对各个品类类别的报送频率信息统一管理和维护。

如图5—12所示，点击左侧报送频率菜单，右侧显示所有报送频率信息列表。

编码	顺序号	名称	描述	启用状态
F000001	1	年报		启用
F000002	2	半年报		启用
F000003	3	季报		启用
F000004	4	月报		启用
F000005	5	周报		启用
F000006	6	旬报		启用
F000007	7	日报		启用
F000008	8	时报		启用

图5—12　报送频率信息图

（9）数据来源

数据来源是指监测品类的数据获取处，用于在来源上区分部分类似数据。主要包括北京市价格监测中心、北京市农业局、国家发展和改革委员会价格监测中心及咨询公司、中介公司和京价网等。该功能主要是对各个类别的数据来源统一管理和维护。

如图5—13所示，点击左侧数据来源菜单，右侧显示所有数据来源信息列表。

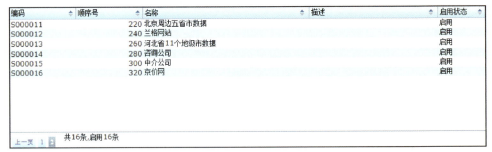

图 5—13　数据来源信息图

（10）单位换算系数

单位换算系数是指某一监测品类不同计量单位间的换算计量系数，主要用于数据的统一换算。主要包括批发价、成交量、零售价等不同品类不同计量单位间的计算系数。该功能主要是对各个类别的单位换算系数统一管理和维护。

如图 5—14 所示，点击左侧单位换算系数菜单，右侧显示所有单位换算系数信息列表。

品类名称	品牌名称	规格等级	地区名称	指标名称	原计量单位	标准计量单位	系数
大白菜		新鲜中等		批发价	元/公斤	元/500克	2
大白菜		新鲜中等		成交量	吨	万公斤	10
大白菜		新鲜中等		零售价	元/500克	元/500克	1
圆白菜		新鲜中等		零售价	元/500克	元/500克	1
圆白菜		新鲜中等		成交量	吨	万公斤	10
圆白菜		新鲜中等		批发价	元/公斤	元/500克	2
黄瓜		新鲜中等		批发价	元/公斤	元/500克	2
黄瓜		新鲜中等		成交量	吨	万公斤	10
黄瓜		新鲜中等		零售价	元/500克	元/500克	1
西红柿		新鲜中等		成交量	吨	万公斤	10

共1321条

图 5—14　单位换算系数信息图

（11）采集方式

采集方式是指监测品类进入系统中的方式。主要包括网上直报、PDA 采集、人工采集等采集方式。该功能主要是对各个类别的采集方式统一管理和维护。

如图 5—15 所示，点击左侧采集方式菜单，右侧显示所有采集方式信息列表。同时系统提供模糊查询查看采集方式信息，支持中文与英文模糊查询。

编码	顺序号	名称	描述	启用状态
T000001	20	网上直报		启用
T000002	40	PDA采集		启用
T000003	60	人工采集		启用

共3条,启用3条

图 5—15　采集方式信息图

5.2.2.2　指标业务对象管理

指标业务对象由"品类＋规格等级＋品牌＋产地"组成，每个指标业务对象都是唯一的。指标业务对象的形成有利于对监测品种进行价格、成交量等指标的分析。

如图 5-16 所示，点击左侧指标业务对象菜单，右侧默认显示所有指标业务对象信息列表。

编码	顺序号	品类名	规格	品牌	产地	上级名称	启用状态
E001000	4	蔬菜类				蔬菜	启用
E000002	5	大白菜	新鲜中等			蔬菜	启用
E000003	6	圆白菜	新鲜中等			蔬菜	启用
E000004	7	黄瓜	新鲜中等			蔬菜	启用
E000005	8	西红柿	新鲜中等			蔬菜	启用
E000006	9	圆茄子	新鲜中等			蔬菜	启用
E000007	10	青椒	新鲜中等			蔬菜	启用
E000008	11	土豆	新鲜中等			蔬菜	启用
E000009	12	菜花	新鲜中等			蔬菜	启用
E000010	13	油菜	新鲜中等			蔬菜	启用

图 5-16　指标业务对象信息图

5.2.2.3　采集单位管理

单位管理主要是管理和维护监测单位的信息，包括单位名称、主管领导、联系方式等信息。

如图 5-17 所示，点击左侧单位管理菜单，右侧默认显示所有单位信息列表。

单位名称	短信平台	主管领导	主管领导电话	监测负责人	监测负责人电话	采集上报人	采集上报人电话
北京市发展和改革委员会							
价格监测中心							
价格监测中心（代报）							
东城区发改委		陆锦雯	64031118-2515...	张春英	64031118-2511...	王雅玲	64031118-3004
东城蔬菜配送中心							
朝内南小街菜场							
东直门南小街菜市场							
朝内菜市场							
东城北军盛菜市场							
副食品零售东城集贸市场2							

图 5-17　单位信息图

5.3　数据采集与处理

作为北京市价格监测系统的核心部分，数据采集与处理（对应系统中的数据采集子系统）主要是对采集到的数据提供报送功能。通过网上直报或 PDA 采集系统，由报送单位登录系统进行数据上报、上级审核和验收数据等一系列的数据报送验收流程。

数据采集过程，首先需要定义数据报表，确定数据业务对象；然后确定数据审核公式，在数据填报阶段确保数据的质量；之后进行采集点与采集表之间的配制，发布数据采集制度（即采集频度）。在完成数据采集后，还要对数据进行预处理，为了让读者更清楚地了解如何利用北京市价格监测系统进行数据采集，本书重点介绍数据采集对象、数据报表定制、数据采集方式、数据质量控制和数据预处理五方面内容。

5.3.1　数据采集对象

数据采集包括日常监测和专题监测两种形式。日常监测是常规的数据采集；专题监测是根据国家有关部门和市政府的有关要求进行的有针对性的数据采集。

5.3.1.1　日常监测

日常监测主要包括以下品类：

1）农副产品（包括粮食、食用油、肉禽、蛋、蔬菜、水果、水产品、其他产品等在生产、加工、储备、批发、零售等主要环节的价格和成交量）

2）日用消费品（包括烟酒、衣着、家庭设备及用品等的价格）；

3）居（农）民服务收费价格（包括交通运输、物业水电燃料、电信资费、医疗、教育、旅游娱乐等的价格）；

4）能源（包括煤炭、电力、自来水、石油及天然气等的价格）；

5）房地产（包括新建商品房、二手房、房屋租赁、家装、土地出让等的均价和成交量）；

6）工业生产资料（包括钢材、化学原料及制品、木材及其制品、非金属矿物制品等的成交价）；

7）农业生产资料（包括化肥、农药、农膜等的成交价）；

8）机电产品（包括汽车、通信设备、家用电器等的销售量、销售价）；

9）国内国际大宗商品（包括农产品、能源、矿产品、有色金属等的期货价）。

今后系统还将根据政府价格监管和宏观调控的需要以及首都经济的特点，适时增加重点、热点商品及服务的监测，不断完善价格监测体系。

目前，根据《北京市重要商品和服务价格监测报告制度》中的要求，对蔬菜零售价格实行单双日报送制度，系统建设提供单双日报送机制，满足数据报送需求。

5.3.1.2　专题监测

根据国家有关部门和北京市政府的有关要求，对重要商品、服务进行临时性的专题调查。在利用日常监测数据的基础上，根据需要扩充采集点，扩大调查范围，结合其他地区的数据资料，对汇集的各类信息进行加工、分析，最终完成专题调查报告。

5.3.2　数据报表定制

为使采集点能够顺利上报数据，在指标体系设计的基础上，还需要进行报表定制并审核关系。为便于操作，系统支持以拖、拉、拽等简单易行的操作定制目标报表。

系统数据报表定制流程如下：

（1）新建采集表

下面举例详细阐述创建示例报表的具体步骤：

①添加报表。通过"制度维护"与"报表定制"进入报表定义界面。如图5－18所示。

图 5－18　报表定制页面

②通过选择一个制度分类，创建示例报表。如图5－19所示。

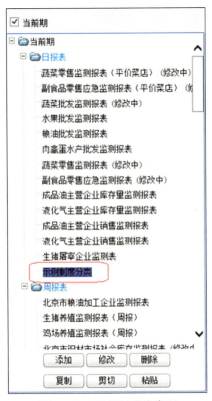

图 5-19 示例制度分类图

③选择创建报表所属的分类，在选择之后字体将变成蓝色的底色；点击"添加"按钮；弹出对话框，选择"新建报表"；点击"下一步"。如图 5-20 所示。

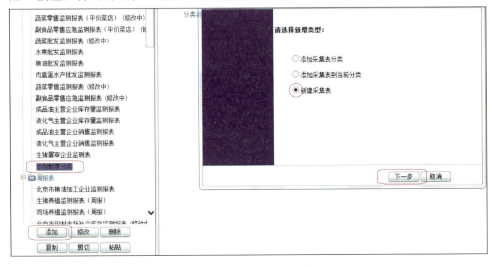

图 5-20 新建报表对话框

④出现图5－21所示图例，图5－21中各项填报项的含义和填报要求如下：

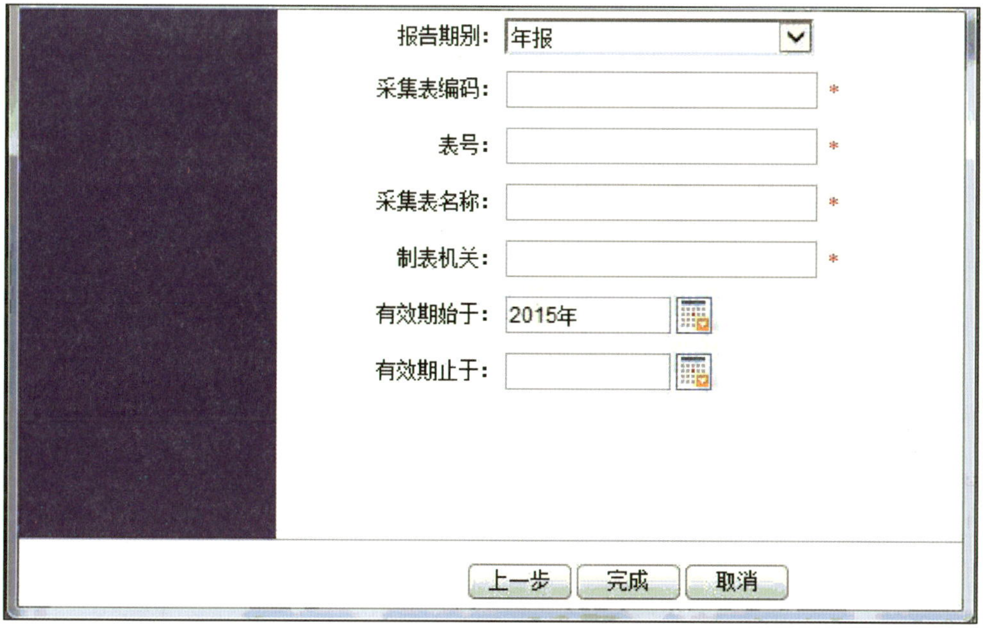

图5－21　报表定制对话框

报告期别：即批报表的填报周期。本示例属于年报，不用更改，另外系统还有日报、周报、旬报、月报、季报、半年报等其他几种可以选择的报告期。

采集表编码：是报表在程序中的唯一标识代码，整个系统内不能重复，编码规则是必须以字母开头且只能由字母、数字和"＿"组成，不能有其他的字符。

表号：是报表在制度上标出的表号，系统内可以重复，如上一年的制度有H201，当年的制度表号还可以叫作H201。一般是数字或字母，有的表号有"－"符号。

采集表名称：即报表的中文名称，可以重复。

制表机关：一般是制表单位名称。

有效期：起始日期一般是创建日期，可以调整，截止日期如果为空就是无限期有效的意思。

填写完成之后，点击"完成"按钮，新建报表成功。

（2）设计报表

设计报表是指依据用户心目中已有的表样建立相应的监测报表，并建立各字段与指标间的对应关系。

继续举例说明。创建报表成功后，如图5－22所示，在所选分类下面会出现该报表名称，但是名

图5－22　设计中的报表

称后面会有"设计中"的字样，表明此时报表还没有创建完成，需要进一步
设计。

如图 5－23 所示，点击表名称变为蓝色之后，
点击"修改"按钮，就进入报表设计页面。

如图 5－24 所示，报表设计界面分为 4 大部
分：①左侧部分显示报表的内部结构，可以在这
里引用相应的指标集，查看具体的指标等；②右
侧上半部分是报表样式设计的页面部分，可以直
接在这个部分编辑；③右侧下半部分是报表样式
设计的功能按钮部分，在②中所用到的很多功能

图 5－23　报表设计入口

都是通过这里的功能按钮实现的；④顶部的按钮是对报表整体设计的功能按钮，
如暂存、提交、打印等，对报表的导入、导出，页面的自动生成，添加和删除子
表等功能都是放在顶部的。

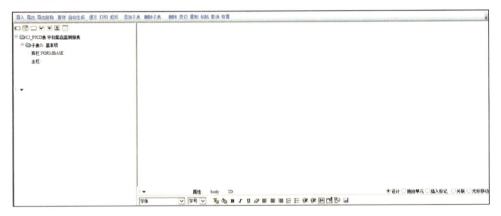

图 5－24　报表设计页面

之后，进行定义报表结构。在进入报表设计页面之后，应该定义报表的结
构，添加子表。如图 5－25 所示。子表是主表中的报表，它是将主表中的信息分
类后，用来表述主表的部分功能或作用。子表 0 是创建报表时默认创建好的，用
来填写基本项，每个报表都有，而且不能删除或修改。

图 5－25　子表添加位置

点击页面顶部的"添加子表"按钮，出现如下图例，见图 5－26。

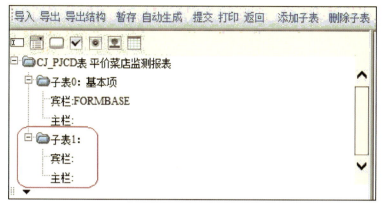

图 5—26 添加新子表

如图 5—26 所示，添加子表 1。如果继续添加子表，会在下面继续添加子表 n 的树状结构。

这里解释一下图 5—26 中宾栏和主栏的意义。报表中有"主栏"和"宾栏"之分。表格有三部分：主栏、宾栏和主体。主栏（标题纵向排列）是一棵向右展开的树；宾栏（标题横向排列）是一棵向下展开的树；而主体部分则是一个空白表格。

根据报表类型选择设计宾栏和主栏。如果是二维定长表，需要对宾栏和主栏都进行指标集选择；如果是一维定长表，则选择宾栏的指标集后，不再对主栏进行指标集选择。

当然，根据需要还可添加子表 2，用作添加填报人、统计负责人、单位负责人、填报日期等填报信息的指标。

完成以上步骤后，这张表的内部结构就定义好了，下面就可以通过自动生成来创建报表。

如图 5—27 所示，在定义好报表的结构之后，点击报表设计页面顶部的"自动生成"按钮可以由系统生成一个默认的表样。

自动生成的表样如图 5—28 所示。用户如果觉得不美观，可以直接在上面修改。

如图 5—29 所示，可以直接修改、补充汉字，也可通过设计页面右侧下半部分的功能按钮调整表格的位置，修改表格的结构。将表格调整到和原始报表

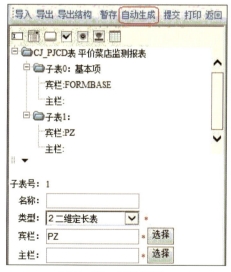

图 5—27 创建报表

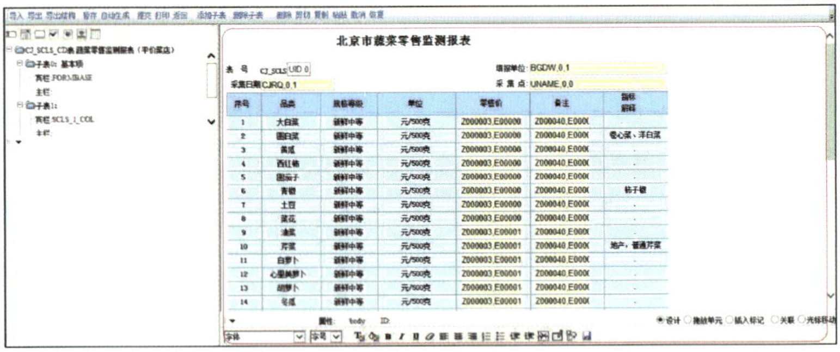

图 5-28 报表示例

吻合之后，就可以提交报表了。如果没有完成，为了不丢失报表已经制作的部分，可以点击报表顶部的"暂存"按钮将已经做好的部分进行保存，以后可以继续设计。

图 5-29 报表修改

如图 5-30 所示，若本张报表已经制作好了，可以点击"提交"完成设计。

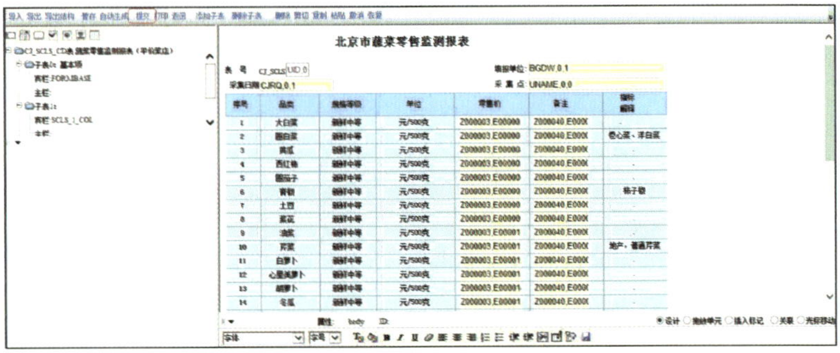

图 5-30 提交报表

当出现"提交成功!"的提示,表示这张表制作没有问题,已经完成了。如果报表制作有不规范的地方,会在提交报表的时候提示错误内容,制表人查看出错的信息,按照提示信息进行修改即可完成报表的设计。

(3)报表配制

报表配制就是采集表与采集点之间关联,即对定制的报表与报送单位之间进行配制,确定报送单位报送的数据形式。比如,朝内菜市场报送的是大白菜零售价格表单,而不是大白菜批发价格表单。

(4)设置报送频率及发布报表

报送任务定制主要对单双日报送、周报、旬报、月报的报送频率、报送内容进行管理,同时因单双日报仅在每年的部分月份执行,其他时间依旧执行系统原有的日报频率,所以,需要建立报送机制切换模块实现单双日报与常规日报间的转换。

发布报表是将确定好报表配制关系发布出去,告知各数据采集点需要报送的报表。

5.3.3 数据采集方式

在确定数据报表后,数据采集还需要确定数据采集形式。北京市价格监测系统建设完成了网上直报、PDA 采集、人工采集、自动采集四种采集方式的数据采集平台。其中 PDA 采集覆盖了北京市各个区县上报单位,有利于数据上报人员随时随地进行数据上报工作。由于数据上报人员每日监测工作任务繁重,依据价格监测制度办法,系统完成单双日报送模式,既减轻了上报人员的工作负担,又保证了上报数据质量。

5.3.3.1 网上直报

网上直报分为在线填报及离线填报两种填报模式,两种模式都是采集点用户在采集到数据后通过网上系统进行数据直报。不同之处在于,在线填报是直接在填报系统中填报,离线填报是将报表下载填报完成后一次性上传至填报系统。

(1)在线填报

在线填报是网上直报采集系统的主要系统,各采集点用户登录在线填报系统后,利用发布产生的报表进行数据的填写,并将填写完成的数据通过网络保存到数据库中,审核后上报管理部门。

在线填报系统可以为数据填报单位提供历史填报数据查询、历史数据查询、数据催报、数据自动填写、数据校验、数据审核等功能。

用户进行在线填报时首先必须由管理部门分配录入权限,确定用户是否需要报送该报表。权限分配的过程可以由系统依据单位名录库中的信息和项目的填报范围关系自动完成，也可以由上级管理部门手工调整。

具体完成以下功能：

1）监测报表列表。

在用户进入填报数据前，先选择要填报的相关报表，可以完成以下功能：

● 待填报表清单。系统在用户界面上列出所有待填报的报表，点击链接进入填报界面。

● 历史报表查询。可以查询以前填报的报表，并可进行汇总、分析等图表展示。

2）报送数据填报。

用户选择要填报或修改的报表，在一个新打开的页面中显示项目的报表，然后进行数据的填报或修改。具体完成以下功能：

● 报表接收和上传。能够从服务器接收报表模板，并上传报表数据；还可以接收系统提示信息等其他数据。

● 自动审核。自动审核也叫自动验收。报表填写完毕以后，用户点击"验收"按钮，则自动运行所有审核条件，并提示不合法的数据。

● 自动计算。支持自动计算的行、列和单元格。当单元格依赖的其他单元格的数据发生改变以后，系统自动执行公式计算功能。

● 报表缓存。用户打开报表以后，报表模板、审核公式、目录、维度等都可以缓存在本地，直到这些对象有新的版本。这可以极大降低数据下载的时间，提高数据处理效率。

● 本地保存。用户填写的报表也具有本地保存、打开和打印功能。

● 报表打印。报表可以在本地通过打印机打印出来。

● 报表导入导出。可以支持 Excel 等格式数据的导入导出。

3）催报、通知等信息提醒。

用户登录在线填报系统之后，系统会弹出一个页面，向用户反馈与登录用户相关的催报和执法的信息。如果没有与当前登录用户相关的催报和执法信息，则不会弹出该页面。

（2）离线填报

离线填报是通过单独客户端进行离线数据填报。同时在网络通畅的情况下，与数据采集后端服务器链接，完成报表下载和报送工作。离线填报的具体功能要求与在线填报模块一样。离线填报可提供本地报表的管理功能，包括历史报表的查询和简单汇总。

离线采集的目的是方便那些数据量比较大的数据报送单位或上网条件不好的单位进行网上数据的报送。进行离线填报时，和在线填报一样，用户首先要登录到系统中，然后选择要离线填报的报表并下载，然后以离线方式进行填报，等到所有的报表填报完成之后，一次将所有报表上传到服务器端，由服务器端的统计数据报表处理服务对提交的报表数据进行处理，统计数据报表处理服务对报表数据的格式进行解析，并将解析的数据保存到原始统计数据库中，由系统管理员进行统一审核处理。

5.3.3.2　PDA 采集

PDA 是为价格监测市场信息采集人员配备的数据采集设备，各采集员通过PDA 电子采集设备能够方便快捷地采集数据，采集范围能够同时满足市场各报送单位及市场自身管理需要，所采集的数据与市场服务器连接后采用系统自动进行汇总，不需要再手工录入。

考虑到无线网传输速率和无线信号在某些地区的不稳定等因素，为提高无线报送效率，可采用 PDA 终端定制客户端软件，来实现功能要求。

PDA 的功能包括 PDA 终端功能要求和管理中心要求。终端功能实现业务员的数据采集需要，管理中心实现 PDA 用户权限管理、上报情况统计等功能。

（1）PDA 终端功能要求

● 提供用户登录界面，验证用户时，连通网络通过服务器验证。如图 5－31所示。可通过本机对用户密码等进行修改。

图 5－31　PDA 登录界面

● 可在 PDA 设备上设置与无线报送管理中心的 WEB Service 接口地址，实现表样、审核规则、数据、图片、文字信息等的上传、下载、生成、解析。

● 通过移动终端服务接口，实现与网上直报系统的采集制度与采集任务的同步及一体化管理。

图 5—32　PDA 任务界面

图 5—33　PDA 监测报表界面

● 为用户提供多种任务模式，并显示任务的名称、提交时间、任务状态、紧急程度等信息。可按照需要定时或即时启动相应采集任务进行数据报送。

● 可根据用户将其所需的管理服务器中最新发布的采集任务下载到 PDA 机器中。当采集任务发生变化时，可通过管理服务器自动下载到 PDA 上进行相应更新。可根据报送及审核规则，PDA 终端程序自动在指定时间内将采集的数据报送到采集库。

● 完成采集任务的数据录入和编辑，支持通过 PDA 键盘快捷输入和管理。可提供导入上期数据的功能，采集人员只需要在上期数据的基础上进行修改，对于没有变化的数据，不需要再进行记录。

● 支持文字、图片、数据等多种报送方式。

● 可浏览通知通告信息，并可通过本机发布信息到服务器。

● 对于价格监测管理人员，提供今天采集价格与昨天同一品种的最高价、最低价和平均价的比较功能，可设定偏差范围，并可对异常数据进行提示。

（2）管理中心功能要求

● 可对加入本系统的 PDA 进行注册、认证和管理。

● 可进行用户和权限管理设置，可按用户群对任务进行管理。

● 根据监测体系管理子系统中的指标体系定制任务，包括任务名称、品种、阈值等，以便向 PDA 终端发布。

● 提供 PDA 使用情况、上报情况的统计、汇总。

● 完成无线传输数据的解析，传输加密、异常处理等功能。

● 实现对无线报送相关的表样、图片、文字等的统一管理。

● 实现无线报送情况的日志管理。

● 提供短信功能通知公告功能。见图 5－34、图 5－35。

图 5－34　PDA 通知公告界面　　　　图 5－35　短信消息界面

在满足业务需求的基础上，为保证系统整体运行及数据处理速度，维持系统环境的最优状态，北京市价格监测系统拟定的移动终端数量上限为 200 台。

5.3.3.3　人工采集

人工采集模块主要采集房地产资料（各中介公司），资料为 Excel 文件。系统需将 Excel 文件进行一系列校验后，分别保存至相应的主题库中。

在数据采集系统中，将咨询公司及 4 家中介公司的 Excel 表格数据以人工采集的方式导入采集数据库中。

房地产信息采集主要用户是价格监测中心人员。

房地产信息人工采集的流程如下：

1）专业管理员在监测指标管理子系统中创建房地产信息相关指标；

2）价格监测中心用户在采集子系统中创建房地产报表，与将要导入的文件之间建立映射关系；

3）在数据采集子系统的人工采集页面，新建采集任务；

4）选择房地产信息的 Excel 表进行导入；

5）对导入数据进行正确性判断：数据正确，导入成功，存储在相应数据库中；数据异常，导入失败，提示相应错误信息，数据不进行存储。

数据验收后，人工采集流程结束。

目前租赁市场只采用房屋中介数据，房地产采集的数据源为以下 4 家中介公司：

● 我爱我家的二手房销售及租赁（中介公司）；

● 中原的二手房销售及租赁（中介公司）；

● 21 世纪的二手房销售及租赁（中介公司）；

● 链家的二手房销售及租赁（中介公司）。

5.3.3.4　自动采集

自动采集数据来源单位主要包括：农业局、商务局、粮食局、统计局 4 家委办局，工商局下属市场协会、商务局下属商业信息咨询中心 2 家事业单位，4 家超市总部。

只有通过用户管理、数据字典定义、报表定制、数据校验等步骤校验合格的数据，才能进行上报。同时，根据需要，对于自动采集的数据，系统能够实现把涉及某一类信息的数据都抽调出来，在一张表格生成展示。例如涉及大白菜，可以把大白菜的生产信息、价格信息、种植面积信息、来源地信息等都同时显示出来，供分析人员参考。

5.3.4　数据质量控制

为支持指数计算，保证价格监测的准确性，北京市价格监测系统从审核关系、数据验收、上报率统计三个方面对数据质量保证提供技术支持。

5.3.4.1　审核关系

审核关系又叫作审核公式，是针对报表数据中需要校验的数据内容制定的校验规则。系统公式语法面向业务人员，与数据指标绑定，而与报表格式无关。

审核关系是填报用户或系统管理员审核报表数据的依据，它将确定该上报数据的有效性。系统支持通过报表所设计好的审核公式进行审核公式的设置。

系统支持表内校验和表间校验。所谓表内校验，即同一个报表的同一个表格中的校验，或同一个报表中的不同表格间的校验；表间校验，即同一个报表文档中的各个报表之间的校验，或不同报表文档的报表之间的校验。审核公式可以根据需要设定为强制性审核或核对性审核。

审核关系是数据质量控制的重要部分，定制审核关系不是日常使用的功能，一般情况下，定制一次之后一年内都无需修改。定制之后，可以在录入、修改、导入数据的时候，执行审核关系对数据进行校验，保证数据的正确性。执行审核是常用功能。

（1）以公式列表方式添加审核关系

定制完成的报表在审核关系模块左侧对应生成默认的树状列表，按制度分类，报表对审核关系进行目录式管理。选择报表名称，显示公式编辑页面，如图5－36所示。

图5－36　添加审核公式

点击"添加"按钮，自动添加一条公式，填写和修改编号、关系（行间关系还是列间关系）、审核公式、错误信息、错误数据、例外行、相关等信息。当然，不是所有都是必填项，应视审核关系而定。

如果忘记指标的代码，可以点击查看数据源，进行查找。填写完成后，勾选审核公式，点击"核实/必要"按钮，确定是核实审核还是必要性审核，然后点击"验证保存"按钮，验证成功则编译通过，审核公式被保存，审核公式编辑完成。如图5-37所示。

图5-37 审核公式编辑图

其中，"开/关"键是用来控制启用或停用某一条审核公式的；停用的审核公式不对该表的数据进行审核。AO［ONAME］中的AO是数据源A的第一个子表；［ONAME］指的是数据源A中的第一个子表所使用指标集的编码。

（2）以公式文本方式编辑审核关系

公式文本中可以直接进行审核公式定制，当定制完成后，点击"公式列表"可以自动翻译到公式列表格式，如图5-38所示。

图5-38 公式文本图

（3）以编辑模式添加审核关系

在审核的编辑选项下，可以通过拖放的方法定义审核，而不需要手工输入指标，这样可以避免输入出错。

点击"添加"按钮，显示出编辑一条新审核的所有相关信息，如图5－39所示。

图5－39　编辑模式下的审核关系界面

点选所需指标拖放到审核公式位置，如图5－40所示。点击左键添加相关指标。

图5－40　审核公式定义界面

添加所需的全部指标后，在"审核公式"一栏中输入指标之间关系。在"错误信息"栏中输入审核的错误提示，提示审核不通过的原因。然后选择审核公式所属类型，包括列间关系、行间关系、核实性审核和必要性审核等。对于特殊情况，需要停用该审核公式时，可勾选上"停用"框，使得该审核公式不起作用。如果审核公式有例外项，则需在"例外项"栏提供审核编号和所审核的错误数据的指标代码。最后点击"验证保存"按钮，编绎通过并保存，一条审核公式定制完成，如图5—41所示。

图5—41 审核公式定制完成界面

（4）边录边审设置

此外，在"编辑"处还可以设置边录边审。边录边审功能是根据已经定义的审核关系，在编辑页面通过选择字段进行匹配的设置。边录边审公式并不需要重新写公式，只需要确定在哪个位置（单元格）执行就行了。

如图5—42所示，在编辑页面可以看到报表的表式及其字段的单元格编码。将鼠标在需要设置边录边审的单元格上迅速连续双击鼠标左键。

图5—42 边录边审示例页面

弹出窗口如图 5－43 所示，可以点击"自动匹配当前项"，程序会自动匹配当前单元格所涉及的审核关系。当设置成功后，右侧会列出审核公式的信息。

图 5－43 边录边审设置页面

如图 5－44 所示，自动匹配之后，右侧"已选公式："下就会列出该单元格所有涉及的审核关系，关联上的审核关系，在这个单元格就会触发。也就是说，当用户录入数据的时候，到了这个单元格，如果录入数据有错误，点击键盘的回车键就可以将错误审核出来。

图 5－44 错误审核示例

当然，如果希望已经定义好的所有审核关系都进行边录边审，只需要选择"自动匹配全部项"就可以了。相对应的还有"清空全部已选项"功能，可以将该表中所有已经设置的边录边审清除。当进行修改设置时，无论是匹配还是清除已选项，都需要进行确定。

最后，还要进行"验证保存"才算设置完成。验证保存页面如图5－45所示。

29	大葱	新鲜中等	元/公斤	Z000001,E	万公斤	Z000002,E	Z000040,E000030,2	.
30	生姜	新鲜中等	元/公斤	Z000001,E	万公斤	Z000002,E	Z000040,E000031,2	.
31	油麦菜	新鲜中等	元/公斤	Z000001,E	万公斤	Z000002,E	Z000040,E000032,2	.
本市场蔬菜日上市总量			Z000036,E001(	万公斤				
本市场蔬菜日成交总金额			Z000037,E001(	万元				
本市产蔬菜上市量			Z000038,E001(	万公斤				

备注：

BZ,0,1

填报日期
BGRQ,0,1　　　　填报人：TBR,0,1　　　　　　　　　　联系电话：LXDH,0,1

[首条] [上条] [下条] [尾条]　　　[添加] [删除] [验证保存]

图5－45　验证保存页面

5.3.4.2　数据验收

数据验收是指由北京市价格监测中心数据维护人员对数据进行审核验收入库，通过验收的数据，进行数据预处理环节，并最终形成监测分析数据进入指数计算阶段。

数据验收有两种操作方式：数据填报系统中有单条验收和数据集中验收两种方式。单条数据验收已经在前面数据填报中介绍过，不再赘述，下面介绍集中验收方式。集中验收分为两个步骤：第一步先要进行异常数据检查；第二步进行数据集中检查并验收。

（1）异常数据检查

如图5－46所示，进入"数据验收"模块，界面左侧为可检查、验收的采集

图5－46　数据验收界面

表列表，右侧为数据检查和验收显示区域；单击左侧采集表名称，右侧出现本期内该采集表存在的异常数据列表（可能有错误的数据，经过下级单位备注上报）。

从左侧选中一张采集表后，系统自动开始根据预定义的公式进行异常数据检查，检查结果按列表格式显示，如图 5—47 所示。

报送日期	采集点名称	审核错误数据	
20091001	昌平美廉美超市	错误信息：本期数比上期涨幅超50% 其中：本期数=6；上期数=0	
20091001	昌平美廉美超市	错误信息：本期数比上期涨幅超50% 其中：本期数=6；上期数=0	
20091003	昌平美廉美超市	错误信息：本期数比上期涨幅超50% 其中：本期数=60；上期数=6	美廉美备注1003
20091001	昌平水屯批发市场	错误信息：本期数比上期涨幅超50% 其中：本期数=1；上期数=0	
20091001	昌平水屯批发市场	错误信息：本期数比上期涨幅超50% 其中：本期数=1；上期数=0	
20091002	昌平水屯批发市场	错误信息：本期数比上期涨幅超50% 其中：本期数=10；上期数=1	
20091002	昌平水屯批发市场	错误信息：本期数比上期涨幅超50% 其中：本期数=10；上期数=1	

图 5—47 数据验收错误信息示例

可点击采集点名称，进入详细页面进一步查看错误信息；点击“数据检查”按钮，可针对最新数据重新数据检查。

（2）集中验收

异常数据检查并核实完毕后，可点击“数据检查”按钮，进入集中验收界面，如图 5—48 所示。

北京市蔬菜批发价格明细表

报告期：2010 年 10 月 22 日 刷新数据 未验收 已验收

商品信息		昌平水屯批发市场		朝阳大洋路批发市场		城北回龙
商品名称	规格等级	批发价	成交量	批发价	成交量	批发价
大白菜	新鲜中等	1.6元/公斤	244吨	1元/公斤	118吨	1.1元
圆白菜	新鲜中等	1.7元/公斤	226吨	1元/公斤	160吨	1元
黄瓜	新鲜中等	2.5元/公斤	100吨	1.8元/公斤	133吨	1.4元
西红柿	新鲜中等	1元/公斤	72吨	0.8元/公斤	180吨	0.9元
圆茄子	新鲜中等	1.6元/公斤	76吨	1元/公斤	186吨	1元
青椒	新鲜中等	1.5元/公斤	73吨	1.3元/公斤	176吨	1.4元
土豆	新鲜中等	1.4元/公斤	235吨	2.4元/公斤	186吨	1.2元
菜花	新鲜中等	2.2元/公斤	10吨	2.4元/公斤	96吨	1.6元
油菜	新鲜中等	2.4元/公斤	18吨	3.2元/公斤	50吨	1.5元
芹菜	新鲜中等	1.4元/公斤	53吨	1.6元/公斤	48吨	1.4元
白萝卜	新鲜中等	0.4元/公斤	48吨	1.4元/公斤	150吨	0.8元
心里美萝卜	新鲜中等	2.4元/公斤	21吨	1.2元/公斤	86吨	1元
胡萝卜	新鲜中等	0.4元/公斤	48吨	1.4元/公斤	148吨	0.9元
冬瓜	新鲜中等	1元/公斤	68吨	1元/公斤	182吨	0.9元
菠菜	新鲜中等	2.4元/公斤	12吨	2.4元/公斤	25吨	2.1元
小白菜	新鲜中等	1元/公斤	13吨	2.8元/公斤	68吨	1元
莴笋	新鲜中等	1.2元/公斤	54吨	1.2元/公斤	80吨	1元
豆角	新鲜中等	2.4元/公斤	58吨	3元/公斤	60吨	2.4元
韭菜	新鲜中等	1.6元/公斤	42吨	1.7元/公斤	123吨	1.2元
蒜苗	新鲜中等	5元/公斤	12吨	5.6元/公斤	106吨	4元
生菜	新鲜中等	2元/公斤	8.4吨	2元/公斤	62吨	1.8元

图 5—48 集中验收界面

进入默认显示当天日期的明细表数据。如果需要验收其他日期数据，可选报告期后点刷新数据。

如果多个单位通过验收，可点击“未验收”按钮，从多个未验收单位里选择通过验收的单位，然后确定，即可完成选中单位的批量验收；如果需要取消多个单位的验收状态，可点击"已验收"按钮，从多个已验收单位里选择要取消的单位，然后确定完成批量取消操作。

集中验收和单条验收效果一致，已完成集中验收的报表，从数据填报界面里显示验收标记。如图5—48所示。

5.3.4.3 上报率统计

为了保证数据质量，需要对区县发展改革委及价格监测定点单位的工作进行定期和不定期考核。考核主要是对监测数据上报的及时性和准确性、文字信息的上报数量和采用量等的考核。其中一项考核是上报率统计。通过上报率统计，可以对不同价格监测任务、不同时间段区县发展改革委及价格监测定点单位的上报工作进行打分、排名，督促其提高数据上报的准确性与及时性。

上报率统计分为数据填报考核、区县质量考核、价格监测直报单位质量考核。

（1）数据填报考核

数据填报考核是按照用户选择的时间区间段及采集报表对各填报单位的报送率、迟报量、漏报量及报送信息质量等内容进行统计汇总。

假设要查询2013年10月1日到2013年12月31日之间，东城区、西城区、朝阳区、丰台区、石景山区、海淀区发展和改革委员会副食品零售应急监测报表与蔬菜零售监测报表的迟报、漏报情况。

首先，点击进入数据填报考核模块界面，在界面右侧选择要查询的数据表类型，如"填报单位报数明细表"，界面右侧显示数据查询条件，如图5—49所示：

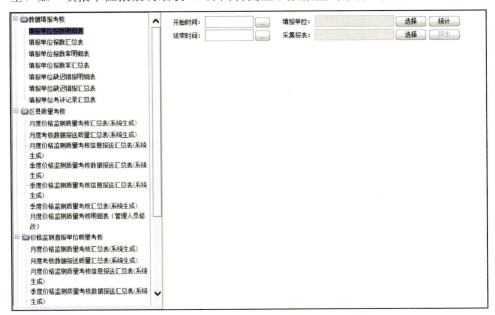

图5—49 数据填报考核界面

点击开始、结束时间后面的"…"按钮，选择考核的时间范围，如设置开始时间为"2013—10—01"，结束时间为"2013—12—31"。

点击填报单位后面的"选择"按钮，选择参与考核的填报单位，如图5—50所示：

图5—50 数据填报单位选择界面

选择"东城区"、"西城区"、"朝阳区"、"丰台区"、"石景山区"和"海淀区"的发展和改革委员会，并点击列表下方的"↓"将上述填报单位加至填报单位范围中如图5—51所示。

点击"确定"按钮，确认填报单位范围或点击"↑"按钮取消选错的单位项，如图5—52所示。

按上述步骤选择参与考核的采集报表，并点击"统计"按钮进行查询，即可得到图5—53所示的填报单位报数明细表。

根据需要，还可以点击"导出"按钮，可将查询结果保存为Excel文件并存至相应的目录中。如图5—54所示。

图 5—51　数据填报单位示例

图 5—52　填报单位信息确认界面

图 5—53　填报单位报数明细

图 5-54 查询结果导出

（2）区县质量考核

区县质量考核就是对各区县发展改革委的报送率、迟报量、漏报量及报送信息质量等内容进行月度汇总，并根据月度汇总结果定时自动生成季度汇总。当然，无论是月度汇总还是季度汇总，生成时间都为每月5号。同时，系统还支持将填报结果保存为 Excel 文件并存至相应的目录中。

月度考核明细表主要由各科室相关业务人员每月填报一次，主要对各区县、价格监测直报单位（批发市场）的信息报送质量及奖励情况进行统一评比。如图5-55 所示。

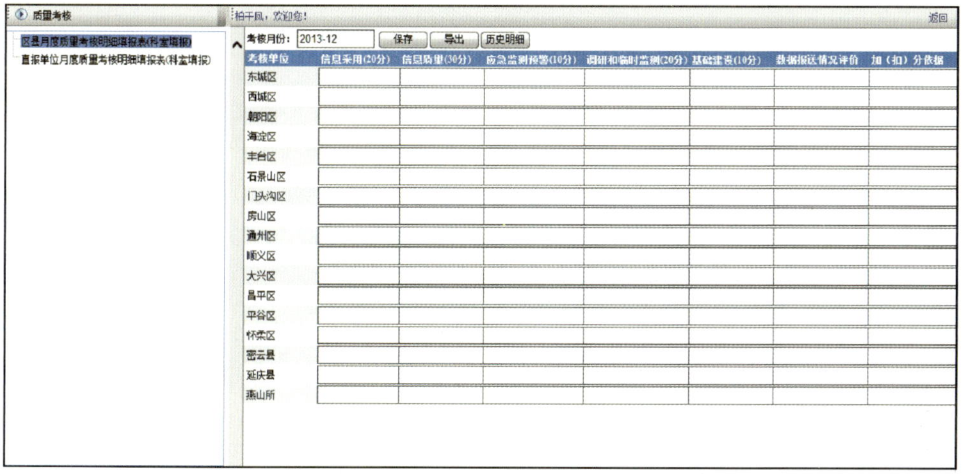

图 5-55 月度考核明细表

月度价格监测质量考核汇总表主要依据各科室的月度考核明细填报表汇总生成。如图 5-56 所示。

月度价格监测质量考核信息报送汇总表主要对各区县、批发市场的信息报送情况进行汇总，汇总结果由系统自动生成，生成结果按信息报送总分值降序排列。如图 5-57 所示。

汇总月份：	2013-11	导出					
考核单位	信息采用(20分)	信息质量(30分)	应急监测预警(10分)	调研和临时监测(20分)	基础建设(10分)	数据报送情况评价	加（扣）分依据
东城区	0.00	0.00	0.00	0.00	0.00		
西城区	0.00	0.00	0.00	0.00	0.00		
朝阳区	0.00	0.00	0.00	0.00	0.00		
海淀区	0.00	0.00	0.00	0.00	0.00		
丰台区	0.00	0.00	0.00	0.00	0.00		
石景山区	0.00	0.00	0.00	0.00	0.00		
门头沟区	0.00	0.00	0.00	0.00	0.00		
房山区	0.00	0.00	0.00	0.00	0.00		
通州区	0.00	0.00	0.00	0.00	0.00		
顺义区	0.00	0.00	0.00	0.00	0.00		
大兴区	0.00	0.00	0.00	0.00	0.00		
昌平区	0.00	0.00	0.00	0.00	0.00		
平谷区	0.00	0.00	0.00	0.00	0.00		
怀柔区	0.00	0.00	0.00	0.00	0.00		
密云县	0.00	0.00	0.00	0.00	0.00		
延庆县	0.00	0.00	0.00	0.00	0.00		
燕山所	0.00	0.00	0.00	0.00	0.00		

图 5—56　月度价格监测质量考核汇总表

汇总月份：	2013-11	导出			
考核单位	稿件总数	信息数量(10分)	信息采用(20分)	信息质量(30分)	信息报送总分
怀柔区	8	10			10.00
怀柔区	8	10			10.00
怀柔区	8	10			10.00
怀柔区	8	10			10.00
怀柔区	8	10			10.00
怀柔区	8	10			10.00
怀柔区	8	10			10.00
怀柔区	8	10			10.00
怀柔区	8	10			10.00
怀柔区	8	10			10.00
怀柔区	8	10			10.00
怀柔区	8	10			10.00
怀柔区	8	10			10.00
怀柔区	8	10			10.00
怀柔区	8	10			10.00
怀柔区	8	10			10.00
怀柔区	8	10			10.00

图 5—57　月度价格监测质量考核信息报送汇总表

季度价格监测质量考核数据报送汇总表主要对各区县、批发市场的数据报送情况进行汇总，汇总结果由系统自动生成，生成结果按数据报送总分值降序排列。如图 5—58 所示。

汇总季度:	2013 ∨ 年 03 ∨ 季度	导出					
考核单位	应报送数	实报送数	报送率(%)	缺报数	迟报数	错报数	数据报送总分
昌平区	716	197	27.51	0	0	0	16.51
西城区	1026	319	31.09	41	2	0	15.67
大兴区	716	182	25.42	0	0	0	15.25
延庆县	680	147	21.62	1	1	0	12.44
东城区	0	0	0.00	0	0	0	0.00
朝阳区	0	0	0.00	0	0	0	0.00
海淀区	0	0	0.00	0	0	0	0.00
丰台区	0	0	0.00	0	0	0	0.00
石景山区	0	0	0.00	0	0	0	0.00
门头沟区	0	0	0.00	0	0	0	0.00
房山区	0	0	0.00	0	0	0	0.00
通州区	0	0	0.00	0	0	0	0.00
顺义区	0	0	0.00	0	0	0	0.00
平谷区	0	0	0.00	0	0	0	0.00
怀柔区	0	0	0.00	0	0	0	0.00
密云县	0	0	0.00	0	0	0	0.00
燕山所	0	0	0.00	0	0	0	0.00

图 5—58 季度价格监测质量考核数据报送汇总表

季度价格监测质量考核信息报送汇总表主要对各区县、批发市场的信息报送情况进行汇总，汇总结果由系统自动生成，生成结果按信息报送总分值降序排列。如图 5—59 所示。

汇总季度:	2013 ∨ 年 03 ∨ 季度	导出			
考核单位	稿件总数	信息数量(10分)	信息采用(20分)	信息质量(30分)	信息报送总分
东城区	0	0			0.00
西城区	0	0			0.00
朝阳区	0	0			0.00
海淀区	0	0			0.00
丰台区	0	0			0.00
石景山区	0	0			0.00
门头沟区	0	0			0.00
房山区	0	0			0.00
通州区	0	0			0.00
顺义区	0	0			0.00
大兴区	0	0			0.00
昌平区	0	0			0.00
平谷区	0	0			0.00
怀柔区	0	0			0.00
密云县	0	0			0.00
延庆县	0	0			0.00
燕山所	0	0			0.00

图 5—59 季度价格监测质量考核信息报送汇总表

（3）价格监测直报单位质量考核

价格监测直报单位质量考核就是对各价格监测直报单位的报送率、迟报量、漏报量及报送信息质量等内容进行月度汇总，并根据月度汇总结果定时自动生成季度汇总。操作步骤同区县质量考核相似，不再赘述。

5.3.5 数据预处理

采集系统收集的数据在经过价格监测中心用户确认、验收后，将流转到监测分析库形成另外的存储。为提高工作效率，需针对不同的监测指标，根据业务需求以不同方式、不同频度对流转过来的原始采集数据进行预先的统计汇总处理，以减少用户执行查询操作的时间。同时，汇总任务预处理可以极大地改善系统性能，防止大量汇总工作集中执行造成系统性能急剧下降而影响数据采集工作。

数据预处理分为两类：数据流转任务，汇总数据任务。数据流转任务是从数据采集系统采集表数据接口提取明细数据写入明细存储表。汇总数据任务是根据明细表中的数据监测频率、环节、指标等特征，根据汇总规则把数据从明细表汇总到汇总表。预处理任务由监测指标管理子系统统一定义，数据存储在监测分析库中。预处理管理为独立的 web 应用程序，便于后期的扩展和维护，同时也减少监测指标管理子系统的压力。

（1）数据流转

数据流转任务是数据采集系统对单张采集表进行验收或取消验收时对该采集表进行数据流转操作，把采集表的数据导入到分析库中。数据采集系统数据保留期内的数据流转都是通过对采集表的验收和取消验收的动作进行的。不在数据采集系统数据保留期内的数据则提供相应的处理工具进行历史数据的修改与相应的汇总任务的执行。

（2）汇总数据

数据汇总任务是按照不同上报频率对报表数据进行价格求平均、量的求和计算，主要包括日、周、旬、月汇总任务。

预汇总任务根据每张采集表监测的指标信息进行汇总计算，指标的计算规则大体分为平均与求和两种方式，其中平均分为加权平均与简单平均。

加权平均计算特殊说明：如果"量"为空或者为 0 时，把"量"置为 1 进行加权平均计算。如果"价"为空时，则不进行加权处理。

日汇总是以采集表的原始数据为基础进行汇总计算。周、旬、月汇总是以日汇总数据来进行简单平均与求和计算。日汇总针对不同频率的采集表都按照日频率进行汇总计算，例如日报采集表每天都进行日汇总计算，周报采集表每周二进行日汇总计算。

周汇总是以日汇总数据为基础进行周期性的汇总计算。周汇总的周期为上周六至本周五，汇总后的数据存储汇总时间为每周五对应的日期，频率为周。

旬汇总是以日汇总数据为基础进行周期性的汇总计算，旬汇总分为上、中、下旬汇总，汇总后的数据存储汇总时间为每月的上旬 1 号、中旬 11 号、下旬 21 号。

月汇总是以日汇总数据为基础进行周期性的汇总计算，每月的最后一天把当月的日汇总数据进行处理，汇总后的数据存储汇总时间为每月的 1 号。

预汇总任务是按照监测的品类进行划分，根据环节、频率、采集点、数据来源、采集方式来定义。

这里需要说明的是，在数据预汇总任务执行中，对缺失值、超过涨跌幅阀值及离散度较高的极值数据，会按一定算法进行异常数据处理后再存储，为后续的指数分析计算做准备。

5.4　价格指数计算

在准备好数据后，还需要对数据进一步分析，包括走势分析和对比分析。之后，计算价格指数，包括代表品价格、基本分类指数、中类指数、大类指数和总指数。在进行指数计算后，根据需要对权数进行修订，校正指数。

5.4.1　数据分析

在进行指数计算之前，还可以通过数据分析，对价格的长期走势、不同采集点的价格差进行对比，选择适宜的数据，进行指数计算。

5.4.1.1　走势分析

走势分析是对同一采集点不同指标在一段时间内的价格趋势进行分析。它包括日度走势、周度走势、月度走势和年度走势。

（1）日度走势

日度走势分析如图 5—60 所示。选择要查询的监测示范单位、品种、开始时间和结束时间，点击"查询"按钮，下方列表列出某价格监测示范单位蔬菜价格日度走势分析。

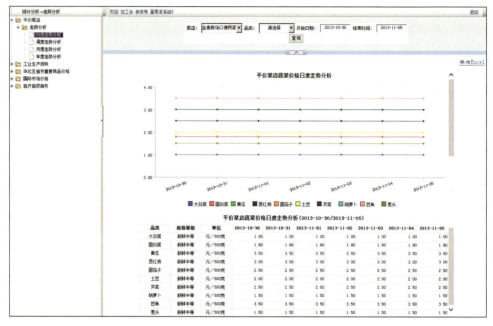

图 5—60　日度走势分析示例

● 菜店：单选，目前为北京市 6 家监测示范单位。

● 品类：复选，目前为大白菜、土豆、西红柿、黄瓜、葱头、胡萝卜、圆茄子、豆角、圆白菜、芹菜共 10 种蔬菜。

● 开始、结束时间：日期显示到日。

● 点击"存为 Excel"，将查询出来的报表内容导出为 Excel。

（2）周度走势分析

如图 5—61 所示。选择要查询的监测示范单位、品种、结束时间和周度，点击"查询"按钮，下方列表列出某评价菜店蔬菜价格周度走势分析。

● 菜店：单选，目前为北京市 6 家监测示范单位。

● 品类：复选，目前为大白菜、土豆、西红柿、黄瓜、葱头、胡萝卜、圆茄子、豆角、圆白菜、芹菜共 10 种蔬菜。

● 结束日期、周数：时间选择控件为"结束时间"及"周数"，周数为下拉选项，最大数值为"10"，数据计算开始时间＝当前日期－〔6＋（周数－1）＊7〕。

● 点击"存为 Excel"，将查询出来的报表内容导出为 Excel。

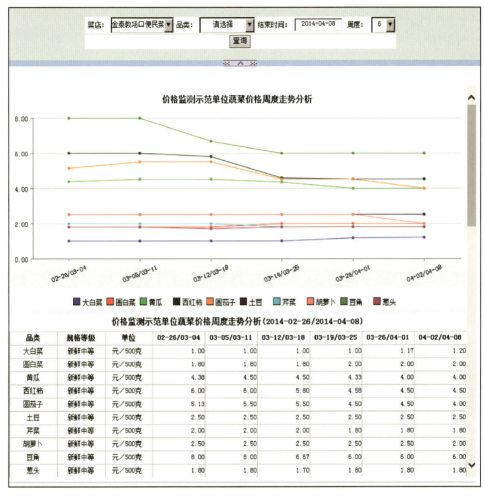

图 5—61　周度走势分析示例

（3）月度走势分析

如图 5—62 所示。选择要查询的监测示范单位、品种、开始时间和结束时间，点击"查询"按钮，下方列表列出某评价菜店蔬菜价格月度走势分析。

● 菜店：单选，目前为北京市 6 家监测示范单位。

● 品类：复选，目前为大白菜、土豆、西红柿、黄瓜、葱头、胡萝卜、圆茄子、豆角、圆白菜、芹菜共 10 种蔬菜。

● 开始时间、结束时间：显示到月。

● 点击"存为 Excel"，将查询出来的报表内容导出为 Excel。

图 5－62　月度走势分析示例

（4）年度走势分析

如图 5－63 所示。选择要查询的监测示范单位、品种、开始时间和结束时间，点击"查询"按钮，下方列表列出某评价菜店蔬菜价格年度走势分析。

● 菜店：单选，目前为北京市 6 家监测示范单位。

● 品类：复选，目前为大白菜、土豆、西红柿、黄瓜、葱头、胡萝卜、圆茄子、豆角、圆白菜、芹菜共 10 种蔬菜。

● 开始时间、结束时间：显示到年。

● 点击"存为 Excel"，将查询出来的报表内容导出为 excel。

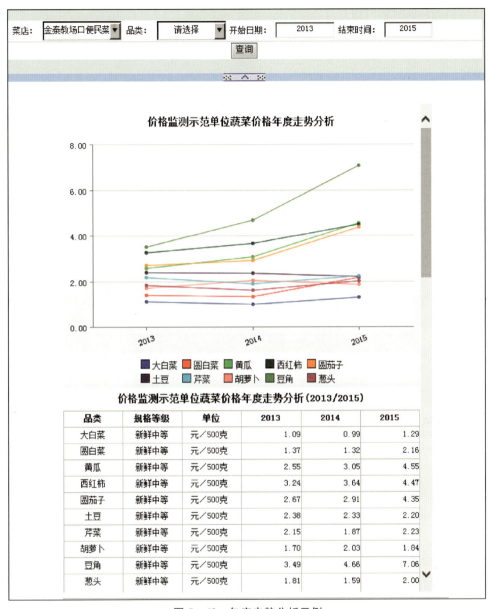

图 5—63 年度走势分析示例

5.4.1.2 对比分析

对比分析是对同一时间同一指标不同采集的价格进行对比分析。它也包括日度对、周度对比、月度对比和年度对比。下面以多家平价菜店的对比分析图为例加以说明。

（1）日度对比分析

如图 5—64 所示。选择要查询的监测示范单位、品种、开始时间和结束时间，点击"查询"按钮，下方列表列出三家平价菜店蔬菜价格日度对比走势分析。

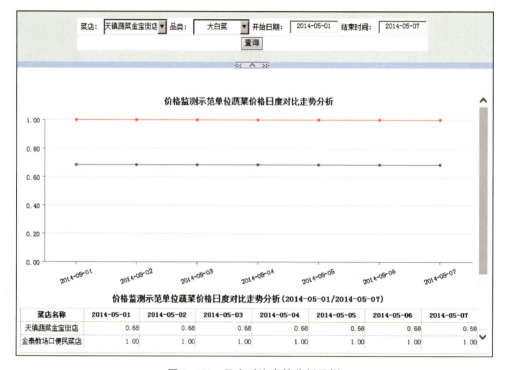

图 5—64 日度对比走势分析示例

● 菜店：复选，目前为北京市 6 家监测示范单位。

● 品类：单选，目前为大白菜、土豆、西红柿、黄瓜、葱头、胡萝卜、圆茄子、豆角、圆白菜、芹菜共 10 种蔬菜。

● 开始、结束时间：日期显示到日。

● 点击"存为 Excel"，将查询出来的报表内容导出为 Excel。

（2）周度对比分析

如图 5—65 所示。选择要查询的监测示范单位、品种、结束时间和周度，点击"查询"按钮，下方列表列出三家平价菜店蔬菜价格周度对比走势分析。

● 菜店：复选，目前为北京市 6 家监测示范单位。

● 品类：单选，目前为大白菜、土豆、西红柿、黄瓜、葱头、胡萝卜、圆茄子、豆角、圆白菜、芹菜共 10 种蔬菜。

● 开始时间：默认显示到日。

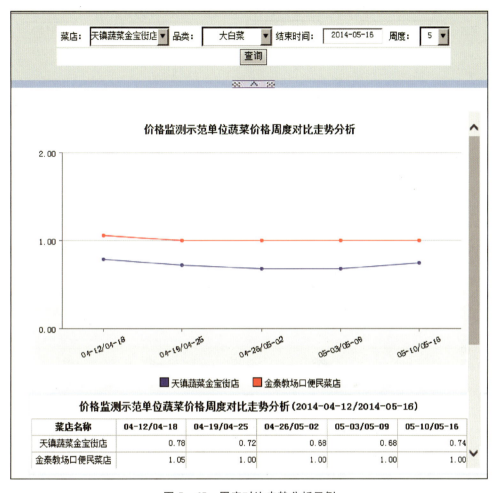

图5-65 周度对比走势分析示例

● 结束日期、周数：时间选择控件为"结束时间"及"周数"，周数为下拉选项，最大数值为"10"，数据计算开始时间＝当前日期－〔6＋（周数－1）＊7〕。

● 点击"存为 Excel"，将查询出来的报表内容导出为 Excel。

（3）月度对比分析

如图5-66所示。选择要查询的监测示范单位、品种、开始时间和结束时间，点击"查询"按钮，下方列表列出三家平价菜店蔬菜价格月度对比走势分析。

● 菜店：复选，目前为北京市6家监测示范单位。

● 品类：单选，目前为大白菜、土豆、西红柿、黄瓜、葱头、胡萝卜、圆茄

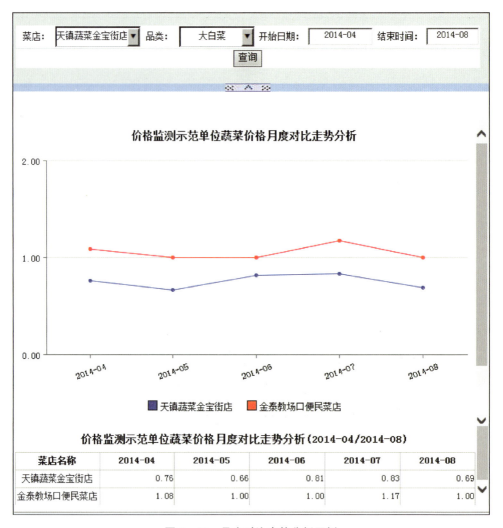

图 5—66　月度对比走势分析示例

子、豆角、圆白菜、芹菜共 10 种蔬菜。

- 开始、结束时间：日期显示到月。
- 点击"存为 Excel"，将查询出来的报表内容导出为 Excel。

（4）年度对比分析

如图 5—67 所示。选择要查询的监测示范单位、品种、开始时间和结束时间，点击"查询"按钮，下方列表列出三家平价菜店蔬菜价格年度对比走势分析。

- 菜店：复选，目前为北京市 6 家监测示范单位。
- 品类：单选，目前为大白菜、土豆、西红柿、黄瓜、葱头、胡萝卜、圆茄

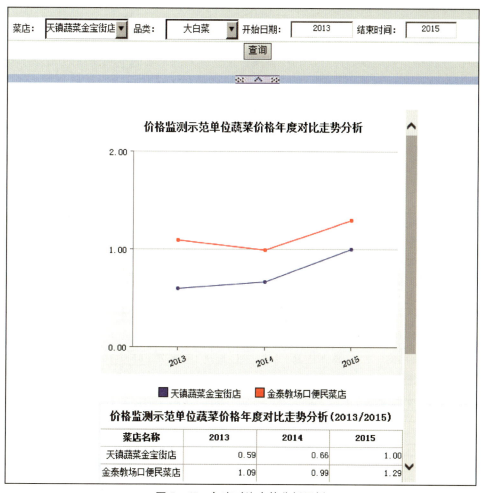

图 5-67　年度对比走势分析示例

子、豆角、圆白菜、芹菜共 10 种蔬菜。

- 开始、结束时间：日期显示到年。
- 点击"存为 Excel"，将查询出来的报表内容导出为 Excel。

5.4.2　指数汇总计算

在对数据进行预处理的基础上，指数的汇总计算将数据计算成相应的指数。下面详细介绍代表品平均价格及变动率、基础分类指数、中类指数、大类指数和总指数计算的汇总计算过程。

5.4.2.1 权数确定

在保证数据质量的条件下，指数计算的准确性依赖于权数的合理与否。农产品批发价格指数的权数计算，利用批发价格监测系统采集的不同商品的成交量来对其价格进行加权平均，同时采用商户抽样调研的方法核减销往外地的交易量。农产品批发价格指数权数计算方法详见本书第 3 章 3.4.2。生活必需品价格指数权数采用固定权重设置，食品类价格指数和房租指数权数设定的具体方法详见本书第 4 章 4.4.1 和 4.5.1。

5.4.2.2 代表品平均价格及变动率计算

商品、采价点、时间区间由北京市价格监测中心指定，系统计算这些代表品的周、旬、月平均价格和变动率。

以农产品批发平均价格的计算为例，采用成交额作为变动权数。如图 5—68 所示。

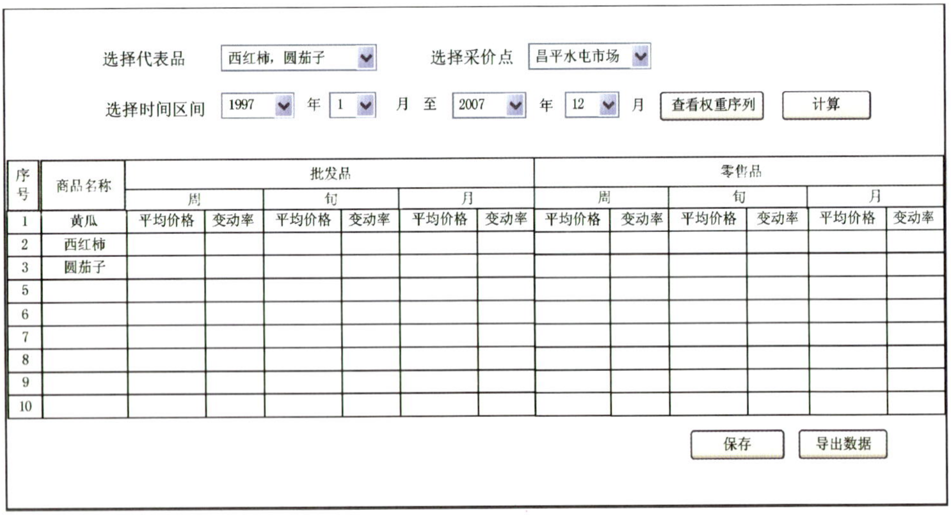

图 5—68　代表品平均价格示例

5.4.2.3 基本分类指数计算

系统内嵌基本分类指数计算公式，用户可以计算、保存、查看基本分类指数计算结果。系统提供导入系统用户自行计算的基本分类指数计算功能，便于用户计算有季节性变动权数的基本分类指数，同时对导入的指数提供上传计算方法说明文档的功能。界面示意图见图 5—69。

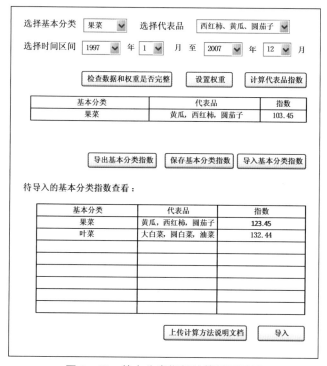

图 5－69　基本分类指数计算界面示例

5.4.2.4　中类指数计算

系统内嵌固定权数中类指数计算公式,用户可以计算、保存、查看中类指数计算结果。系统提供导入用户自行计算的中类指数计算功能,便于用户计算有季节性变动权数的中类指数,同时对导入的指数提供上传计算方法说明文档的功能。界面示意图见图 5－70。

5.4.2.5　大类指数计算

系统内嵌固定权数大类指数计算公式,用户可以计算、保存、查看大类指数计算结果。

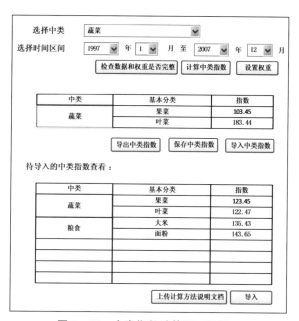

图 5－70　中类指数计算界面示例

系统提供导入用户自行计算的大类指数计算功能，便于用户计算有季节性变动权数的大类指数，同时对导入的指数提供上传计算方法说明文档的功能。界面示意图见图5－71。

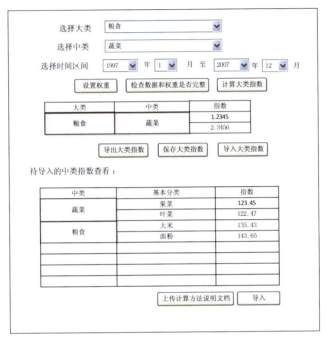

图5－71　大类指数计算界面示例

5.4.2.6　总指数计算

系统内嵌固定权数总指数计算公式，用户可以计算、保存、查看总指数计算结果。系统提供导入用户自行计算的总指数计算功能，便于用户及时调整各大类指数所占的权数，同时对导入的指数提供上传计算方法说明文档的功能。

另外，对于不同口径指数的生成和指数管理，系统提供以下功能：

第一，对于不同口径指数生成，系统以周度、旬度和月度环比指数计算为基础，其他类型指数可根据相应的公式推算生成。计算指数时，用户选择要计算的时间区段和所采用的指数设置（及权重）。系统检查所选时间区段内数据和权数是否完整，并可以让用户查看监测数据和权数值，对其进行缺失补齐或异常值修正（这里的监测数据修改不进入原始监测数据库；但对权数的调整，用户可选择将其保存到数据库）。然后，系统计算生成指数，显示计算结果，用户可选择将结果导出或保存到数据库。

第二，对于指数的管理与分析。用户可保存同一指数的多个计算结果，并进行查询。如：用户可用系统内嵌方法计算周度食品类指数，同时也可导入自己计算的周度食品类指数（也可以是外部指数），这两个指数数据可与系统中的其他已保存指数放在同一个表格和同一个统计图中进行查看。系统提供指数对比分析功能，分析指数间的相关性和一致性，分析结果可在统计图中查看，也可以导出统计报表，报表中包括指数的具体数值和相关性、一致性检验的统计量。用户可删除已计算和保存的指数结果，也可对已保存的指数计算结果中的某个时间点的数值进行修正。系统提供所有指数计算结果的数据导出功能，导出为 Excel 数据表。

界面示意图见图 5－72。

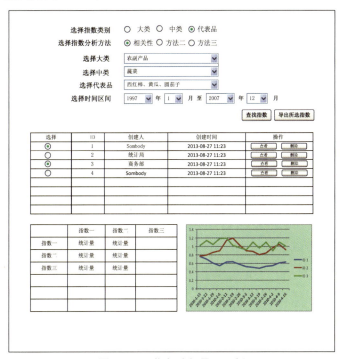

图 5－72　指数分析界面示例

5.4.3　指数展示

计算好的价格指数可以利用京价网平台向公众发布价格监测信息，也可以利用微博、微信平台创新价格信息发布工作形式，向社会公众及时提供价格监测信息，让民众能随时随地查询日常消费相关的价格数据情况，正确引导生产和消费。

指数展示既可以选择以图形的形式进行展示，可以以指数报告的形式进行展示。

指数呈现案例如图 5－73 所示。选择周期、环节、开始时间和结束时间，点击"查询"按钮，下方显示指数呈现。

图 5-73　指数呈现示例

指数报告案例如图 5-74 所示。

图 5-74　指数报告示例

5.5　系统特色

北京市价格监测系统实现指数计算的优越性主要表现在以下几方面：

（1）监测指标体系可扩展，可以灵活适应采集制度的变更

价格监测会随经济发展形势及市场行情的变化相应调整采集任务。采集制度

的变更主要包括采集代表品、采集点、采集任务频率、采集指标计量单位、监测数据计算规则等的变更。北京市价格监测系统建立的监测指标体系管理功能包括采集指标管理和监测指标管理。采集指标是以指标为驱动的采集指标业务对象，通过指标字典内容的配置管理形成。监测指标通过对采集指标的配置管理形成，随着采集指标业务对象的变化对监测指标进行相应调整，能够实现采集指标与监测指标的松耦合，保持监测指标的延续性。

（2）紧紧围绕指标体系建立相互衔接、可分可合的数据采集、监测、分析和发布应用系统

一方面，本系统各子系统的设计都是围绕统一的指标体系进行的，使得数据在不同环节都能够保持一致。另一方面，整个系统采用组件化设计方法，各子系统可以部署在一起成为一个整体系统，也可以根据需要独立部署，成为单独系统。

（3）提供丰富的数据采集方式、数据分析途径、结果展现形式

本系统建设的数据采集平台，对采集任务统一定义、下发、验收，可以实现网上直报、无线数据采集（PDA 采集）等采集方式。

本系统提供对价格监测信息数据进行分析和预测的工具，能满足经济形势分析、方案测算以及政策模拟对制图制表、多维分析和统计分析等功能需求；提供环比分析、同比分析、基比分析、方差分析、分布分析、比重分析、异常值分析等常见统计学分析模型，并支持自定义建模分析；提供常见空间分析功能；在综合查询和多维分析基础上，可以叠加空间位置关系、电子地图，并把分析结果以地图专题图进行呈现，方便政府部门进行决策分析。

（4）建立信息发布平台，实现信息个性化发布

利用信息发布服务，可以根据价格管理相关部门工作人员的个性化需求提供个性化信息发布服务，系统支持网站发布和无线发布等发布方式。

（5）实现价格监测管理特色业务需求

本系统在充分理解价格监测管理业务的基础上，可以实现特色业务需求，如多报告期支持、可变报告期、不报和重报、节假日支持、监测分析报告自动生成等。

6 应用分析与展示

本章详尽介绍如何利用北京市价格监测系统计算和展示生活必需品价格指数，具体包括农产品批发价格指数、生活必需品价格指数中的食品类价格指数和房租类价格指数（包括数据采集、单品种指数监测、权重确定、指数呈现和指数报告），并以案例的形式介绍价格变动与价格指数之间的区别与联系。

6.1 农产品批发价格指数

农产品批发价格总指数的计算，需要首先采集农产品价格数据，然后计算代表规格品的价格变动数，即当期代表规格品价格与上期代表规格品价格变动的相对数。农产品基本分类环比指数采用代表规格品价格变动率的几何平均来计算。基本分类以上类别的环比指数采取逐级向上加权平均的原则计算，权数为变动权数。而农产品批发价格总环比指数由 7 个大类环比指数加权平均来计算，其计算公式同基本分类以上的环比指数的计算方法，同样采取变动权数，权数由各大类的总成交额来计算。

6.1.1 农产品批发价格数据采集

下面以日报表——蔬菜、水果批发为例，介绍农产品批发价格的数据采集过程。

进入系统，点击"数据填报"，系统默认页面如图 6-1 所示，页面展示采集点列表，包括城北回龙观商品交易市场、通州八里桥批发市场、顺义石门批发市场等。

图 6-1　农产品批发价格采集点列表

以城北回龙观商品交易市场蔬菜批发数据为例，选择日报表中的"蔬菜批发监测报表"，再点击"城北回龙观商品交易市场"，就可以进入相应的采集表，如图 6-2 所示。在采集表中，表上方有采集表表号、采集日期、填报单位、采集点的信息，表格中展示各种蔬菜的批发价格。

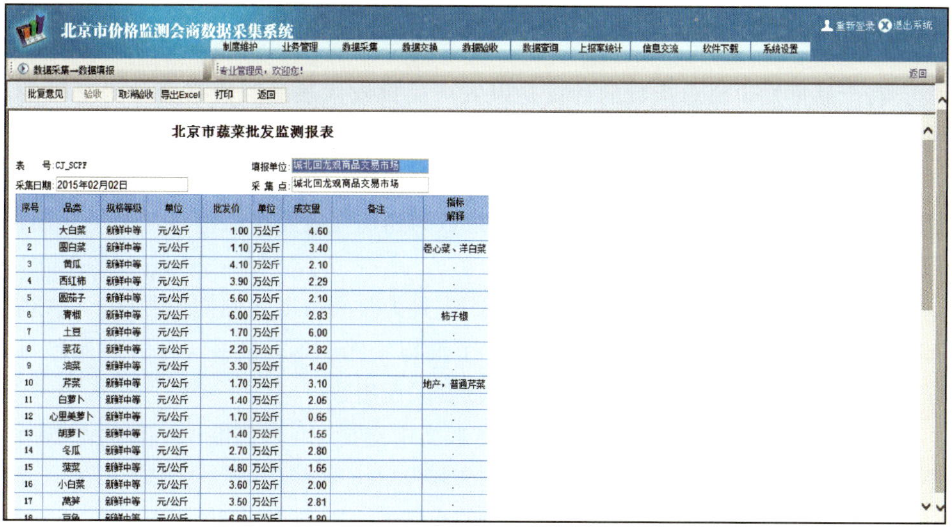

图 6-2　城北回龙观商品交易市场蔬菜批发监测报表

以海淀锦绣大地批发市场水果批发为例，选择日报表中的"水果批发监测报表"，点击"海淀锦绣大地批发市场"，就可以得到图 6-3 所示的海淀锦绣大地批发市场水果批发数据信息。

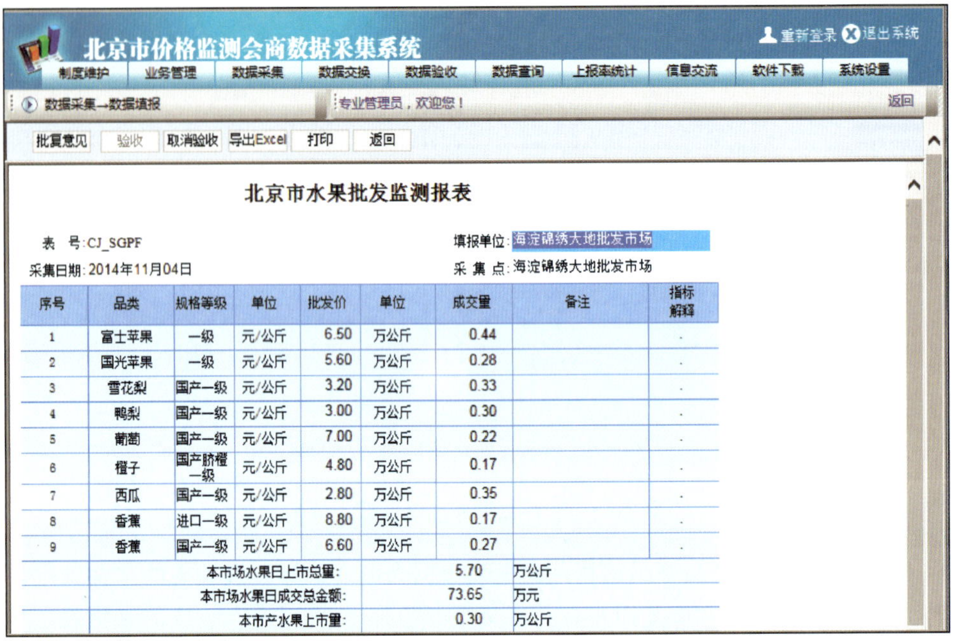

北京市水果批发监测报表

表　号:CJ_SGPF　　填报单位:海淀锦绣大地批发市场

采集日期:2014年11月04日　　采 集 点:海淀锦绣大地批发市场

序号	品类	规格等级	单位	批发价	单位	成交量	备注	指标解释
1	富士苹果	一级	元/公斤	6.50	万公斤	0.44		
2	国光苹果	一级	元/公斤	5.60	万公斤	0.28		
3	雪花梨	国产一级	元/公斤	3.20	万公斤	0.33		
4	鸭梨	国产一级	元/公斤	3.00	万公斤	0.30		
5	葡萄	国产一级	元/公斤	7.00	万公斤	0.22		
6	橙子	国产脐橙一级	元/公斤	4.80	万公斤	0.17		
7	西瓜	国产一级	元/公斤	2.80	万公斤	0.35		
8	香蕉	进口一级	元/公斤	8.80	万公斤	0.17		
9	香蕉	国产一级	元/公斤	6.60	万公斤	0.27		
	本市场水果日上市总量:					5.70	万公斤	
	本市场水果日成交总金额:					73.65	万元	
	本市产水果上市量:					0.30	万公斤	

图 6—3　海淀锦绣大地批发市场水果批发监测报表

6.1.2　农产品批发价格代表品指数监测

农产品批发价格总指数的计算是以农产品批发代表品的价格变动为基础的，因此，代表品指数非常重要，下面重点介绍代表品价格变动的监测分析。

如本书第 3 章所述，代表规格品的价格变动数即为当期代表规格品价格与上期代表规格品价格变动的相对数。同比指数为当期代表规格品价格与上年同期代表规格品价格变动的相对数。

以 2013 年 1 月 1 日到 2014 年 12 月 31 日为时间跨度，周期为月度，介绍农产品批发价格代表品价格的变动监测。下面以粳米（5 斤袋装——普通圆粒/辽宁）为例展示如何监测批发环比指数和批发同比指数。

首先在粮食类中选择“粳米”，在粳米类中选择“5 斤袋装——普通圆粒/辽宁”，如图 6—4 所示。

系统默认页面显示批发环比指数，见图 6—5。页面展示 2013 年、2014 年每月粳米 5 斤袋装——普通圆粒/辽宁规格的批发环比指数基本呈现平稳态势；选择批发同比指数，则页面显示如图 6—6，展示 2013 年粳米 5 斤袋装——普通圆粒/辽宁规格的批发价格相对 2012 的呈下降趋势，而 2014 年基本与 2013 年价格持平。

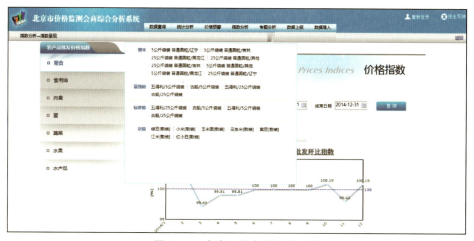

图6—4 农产品代表品选择列表

图6—5 代表品批发环比指数示例

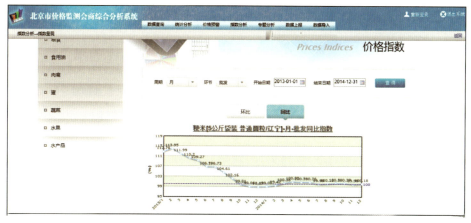

图6—6 代表品批发同比指数示例

6.1.3 农产品批发价格指数呈现

在得到农产品代表品价格变动率后，仍以 2013 年 1 月 1 日到 2014 年 12 月 31 日为时间跨度，周期为月度，展示农产品价格指数中的基本分类指数、大类指数、总指数在北京价格监测系统中的呈现形式。

以粳米这个基本分类为例，点选"粮食类"后，通过选择列表中的"粳米"选项，就可以得到粳米基本分类指数，默认页面展示环比指数，基本分类环比指数采用代表规格品价格变动率的几何平均计算得到，如图 6－7 所示，在 2013 年与 2014 年期间，粳米批发价格基本保持稳定。点选同比指数，即可以得到基本分类的同比指数，如图 6－8 所示，粳米月批发价格 2013 年相对 2012 年同期呈下降趋势，而 2014 年相对 2013 年基本不变。

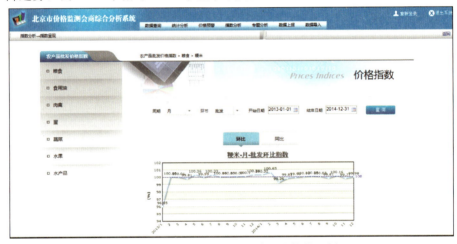

图 6－7　农产品基本分类环比指数示例

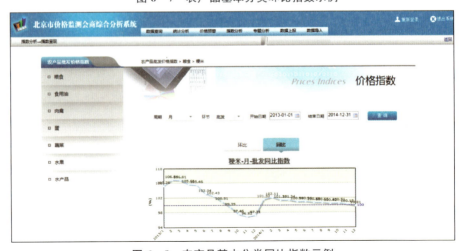

图 6－8　农产品基本分类同比指数示例

大类指数的展现操作相对来说更为简单，只要点选系统页面最右侧的大类名称即可。仍以粮食为例，图6－9、图6－10分别为粮食类环比指数和同比指数，具体操作同代表规格品，不再赘述。

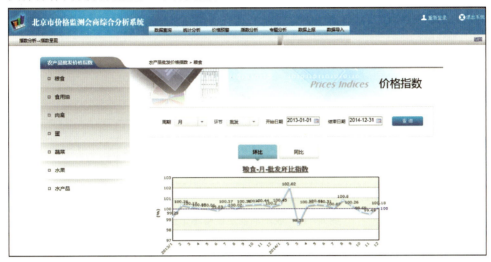

图6－9　农产品大类环比指数示例

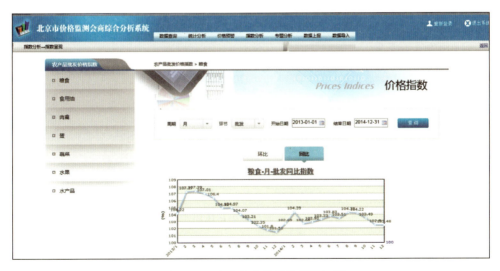

图6－10　农产品大类同比指数示例

相应地，点击农产品批发价格指数字样，即得到农产品批发价格总指数。农产品批发价格总环比指数由7个大类环比指数加权平均来计算，权数为各大类成交额占总成交额的比重。农产品批发价格总环比指数展示如图6－11所示，总同比指数如图6－12所示。

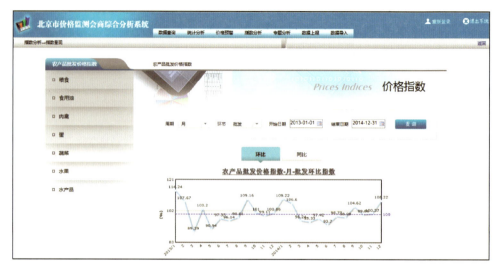

图 6—11　农产品批发价格环比指数

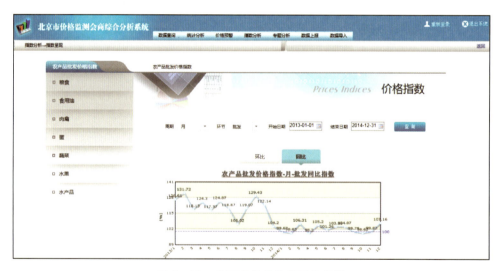

图 6—12　农产品批发价格同比指数

6.1.4　农产品批发价格指数报告

北京市农产品价格监测系统除了可以展示价格指数的趋势外，还能以表格形式展示指数汇总信息和指数详细信息。

6.1.4.1 农产品批发价格指数汇总

通过选择系统页面上方的指数分析中的指数报告，可以展示农产品批发价格指数汇总信息和详细信息。

以 2014 年 11 月为日期，点选汇总信息中的"月度指数"，系统展示 2014 年 11 月北京市农产品批发价格指数的月环比指数、月同比指数和月累计指数，如图 6－13 所示。旬度指数和周度指数只有环比指数和同比指数，没有累计指数，如图 6－14、图 6－15 所示。

图 6－13　农产品批发价格指数汇总月度指数示例

图 6－14　农产品批发价格指数汇总旬度指数示例

图 6-15　农产品批发价格指数汇总周度指数示例

6.1.4.2　农产品批发价格指数详细信息

以 2014 年 11 月为日期，点选详细信息中的"月度指数"，系统展示 2014 年 11 月北京市农产品批发价格指数详细信息，包括商品类别及品名、本月成交总额（元）、权数（％）、本月均价、上月均价、上年同月均价、月环比指数、月同比指数，如图 6-16 所示。旬度指数详细信息如图 6-17 所示。

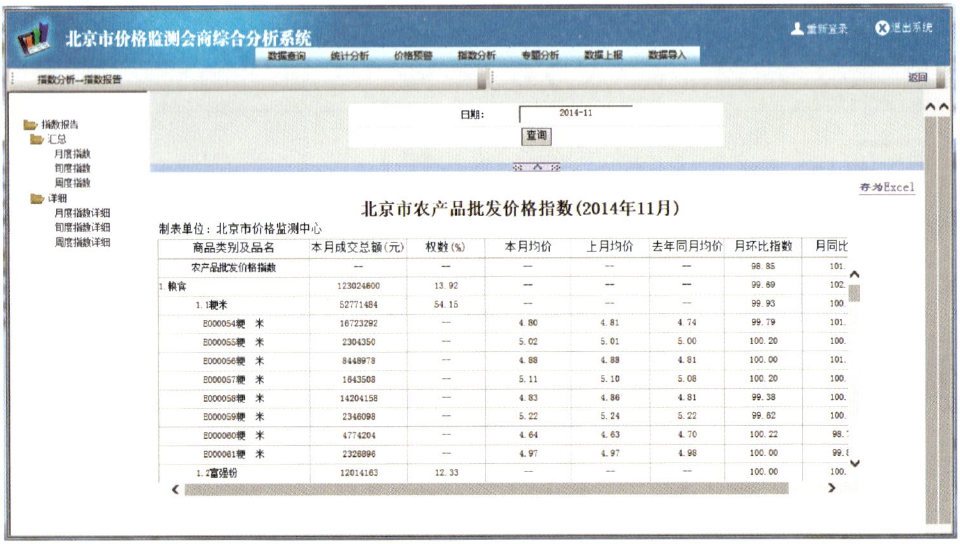

图 6-16　农产品批发价格指数详细月度指数示例

图 6－17 农产品批发价格指数详细旬度指数示例

6.2 食品类价格指数

食品类价格指数是生活必需品指数体系中最为重要的大类指数之一。它是由粮食、食用油、肉禽及其制品、蛋、水产品、蔬菜、水果、调味品和其他食品 9 个中类指数进行加权平均得到的。

与农产品批发价格指数类似，下面先介绍数据采集过程，然后介绍指数逐层计算过程，最后介绍指数报告形式。

6.2.1 食品类价格数据采集

下面以日报表——蔬菜零售采集点为例，展示食品类价格数据采集的操作步骤。

进入系统后，点击"数据填报"，选择"蔬菜零售监测报表"，页面展示采集点列表，这些采集点包括石景山鲁谷永辉超市、丰台冠京隆批发市场、西城润得立综合市场等。页面具体信息见图 6－18。

图 6—18　食品类价格采集点列表

以延庆京客隆超市为例，点选"古城北小区社区便民菜店延庆京客隆超市"，进入数据监测报表页面。页面信息见图 6—19。表格表上方有表号、采集日期、填报单位、采集点信息，表格展示了各种蔬菜当月的零售价格。

北京市蔬菜零售监测报表

表　号　CJ_SCLS　　　　　填报单位 延庆县发改委
采集日期 2014年11月04日　　采 集 点 延庆京客隆超市

序号	品类	规格等级	单位	零售价	备注	指标解释
1	大白菜	新鲜中等	元/500克	0.79		
2	圆白菜	新鲜中等	元/500克	0.89		卷心菜、洋白菜
3	黄瓜	新鲜中等	元/500克	2.98		
4	西红柿	新鲜中等	元/500克	3.28		
5	圆茄子	新鲜中等	元/500克	2.58		
6	青椒	新鲜中等	元/500克	1.98		柿子椒
7	土豆	新鲜中等	元/500克	1.38		
8	菜花	新鲜中等	元/500克	1.58		
9	油菜	新鲜中等	元/500克	2.98		
10	芹菜	新鲜中等	元/500克	1.48		地产，普通芹菜
11	白萝卜	新鲜中等	元/500克	0.98		
12	心里美萝卜	新鲜中等	元/500克	1.58		
13	胡萝卜	新鲜中等				

图 6—19　食品零售价格监测报表示例

6.2.2　食品类价格指数权重调整

食品类价格指数的权重调整，以中类为例进行展示。

首先，选中零售价格指数设置，然后选择中类管理，界面展示各中类信息，包括指数名称、指数频率、计算方式、环节和是否进行月报，如图6－20所示。

图6－20　食品类价格指数中类管理

选择指数名称——粮食，就可以进行权数设置，如图6－21所示。在这个页面，用户可以进行权数录入，作为下一步计算的依据。

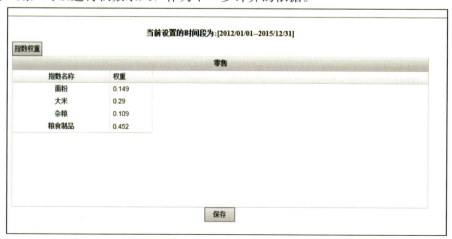

图6－21　食品类价格指数权重设置

其他类型的权数设置同中类权数设置类似，这里不再赘述。

6.2.3 食品类价格指数呈现

食品类价格指数的计算也是以代表品价格变动为基础。

下面以 2013 年 1 月 1 日到 2014 年 12 月 31 日为时间跨度、周期为月度介绍食品类价格指数的代表品价格变动的监测。首先选择指数分析中的"零售指数呈现"选项，点选页面左侧的"食品"，系统展示代表品规格列表，如图 6－22 所示。

图 6－22　食品类代表品列表

下面以玉米面（散装）为例展示零售环比指数。选择周期为月、环节为零售、时间跨度为 2013 年 1 月 1 日到 2014 年 12 月 31 日，点击"查询"按钮，系统会显示玉米面（散装）—月度—零售环比指数，如图 6－23 所示。

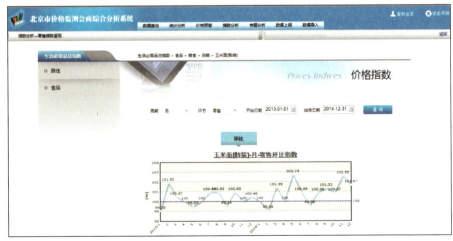

图 6－23　代表品环比指数示例

这里需要说明的是，由于食品类属于生活必需品中的大类，其代表规格品不像农产品批发价格指数的代表品那么固定，在不同时间代表品有可能有变动，因此，系统不提供代表品的同比指数。

在代表品指数基础上，可以计算基本类指数。基本分类指数由代表规格品相对数的几何平均计算得到。以杂粮为例，选择食品大类，粮食中类中的基本分类杂粮，系统默认展示基本分类环比指数，如图6-24所示。

图6-24　基本分类环比指数示例

选择"同比"，系统提供相应的杂粮零售同比指数，如图6-25所示。

图6-25　基本分类同比指数示例

中类指数由基本分类指数加权平均计算得到。以粮食为例，选择食品中类中的"粮食"，系统默认页面为环比指数，如图6-26所示。选择"同比"，系统显示相应的粮食类同比指数，如图 6－27 所示。

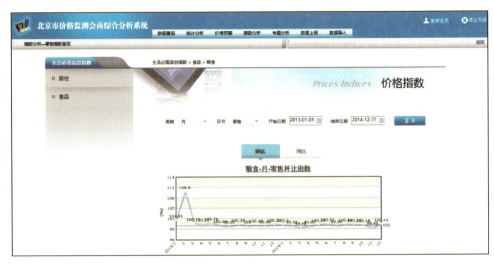

图 6－26 食品类指数下中类环比指数示例

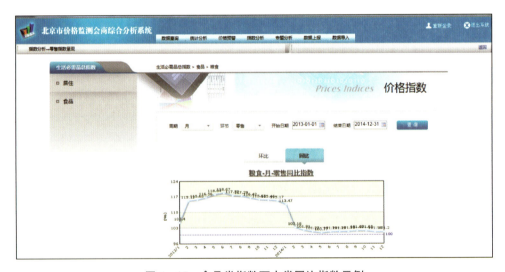

图 6－27 食品类指数下中类同比指数示例

大类指数由中类指数加权平均计算得到。食品类价格指数只要直接点击页面"食品"字样即可，系统默认环比指数如图 6－28 所示。选择"同比"，即可展示 2013 年 1 月 1 日到 2014 年 12 月 31 日食品类价格月度同比指数，如图 6－29 所示。

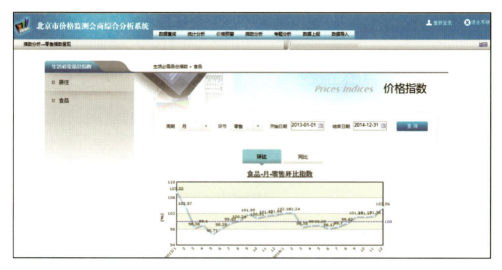

图 6-28　食品类价格月度环比指数示例

图 6-29　食品类价格月度同比指数示例

6.2.4　食品类价格指数报告

同农产品批发价格指数报告相同，系统也提供食品零售价格指数报告，包括零售价格报告、代表规格品价格一览表。

6.2.4.1　生活必需品价格指数

以 2014 年 12 月为例，系统提供生活必需品价格指数报告，包括月同比、月环比及月累计。如图 6－30 所示。

图 6－30　生活必需品价格指数报告示例（月度）

以 2014 年 12 月 3 旬为例，系统提供生活必需品价格指数报告，包括旬同比、旬环比，如图 6－31 所示。

图 6－31　生活必需品价格指数报告示例（旬度）

6.2.4.2　生活必需品价格指数中代表规格品价格

系统同时还提供生活必需品价格指数代表规格品一览表，包括月度指数、旬度指数。如图 6－32、图 6－33 所示。

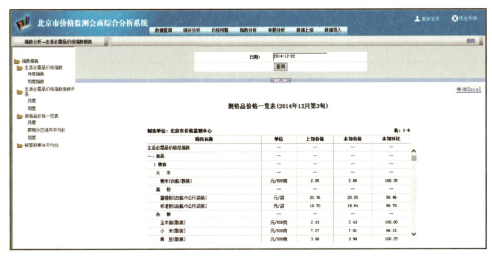

图 6－32　生活必需品价格指数规格品月度价格指数

图 6－33　代表规格品价格旬度指数

6.3　房租指数

　　房租指数是生活必需品指数体系中的中类指数。房租代表品的平均价格为指定区域指定户型所有中介报送的租金的每平方米月均价格。代表品价格变动相对数由代表品报告期价格与上一期价格对比的相对数得到。基本分类指数根据对应的代表品价格相对数采用几何平均法计算获得。基本分类指数通过加权平均就可得到房租价格指数。

6.3.1　房租数据采集

房租数据主要来源于北京市 5 家占市场份额较大的中介公司。选择系统页面上方的"数据导入"，即可看到页面左侧的"房地产"字样，点选"房屋租赁"，系统电显示页面如图 6－34 所示。

图 6－34　房地产数据导入页面

若下载，即可得到相关数据的详细信息。以 2014 年 9 月中原——二手房租赁数据为例，下载可得到数据信息如图 6－35 所示。

北京市住宅租赁价格监测月报表

填表单位：北京市发展和改革委员会　　　　　　　　填报单位：　北京中原

成交时间	城区	规则用途	楼盘	房屋地址	户型	房屋面积(平方米)	月租金(元/套)
14.8.28	海淀区	商品房	翠微南里	公主坟	2室1厅1卫	52	4000
14.8.28	朝阳区	商品房	望京新城	望京	3室1厅1卫	110	6800
14.8.28	崇文区	商品房	新景家园商品房东区	崇文门	1室1厅1卫	59.65	5500
14.8.28	丰台区	商品房	万年花城四期尚品	丰台西	2室1厅1卫	87	4200
14.9.14	海淀区	住宅	雪芳园小区	田村	3室2厅2卫	136	1200
14.8.28	崇文区	商品房	鸿运花园	天坛	5室2厅3卫	300	15833
14.8.28	海淀区	商品房	橄树湾二期	清河	2室1厅1卫	89	6900
14.8.28	丰台区	商品房	芳城园三区	方庄	2室1厅1卫	73	4000
14.8.28	朝阳区	商品房	知画城	望京	3室2厅2卫	151	10000
14.8.28	崇文区	商品房	都市馨园	崇文门	2室1厅1卫	67.83	6000
14.8.31	崇文区	住宅	新景家园三期	花市	3室1厅2卫	155	2000
14.8.28	海淀区	商品房	马连洼百草园	上地	2室1厅1卫	80	3300
14.8.28	海淀区	商品房	大河庄苑	中关村	1室1厅1卫	49	4300
14.9.21	海淀区	住宅	田村	永定路	2室1厅1卫	60	2200
14.8.28	丰台区	商品房	紫芳春园	方庄	5室3厅3卫	205.2	13000
14.8.28	海淀区	商品房	紫金长安	五棵松	3室1厅2卫	102	7900
14.8.28	海淀区	商品房	蝉鸟家园	万柳社区	1室1厅1卫	53	4650
14.9.18	丰台区	住宅	三环新城	丰台西	1室1厅1卫	53	3000
14.9.8	海淀区	住宅	蓟门北里	知春路	2室1厅1卫	60	3600
14.8.28	海淀区	商品房	世纪城金夕园	世纪城片区	2室1厅2卫	100	6200
14.9.15	石景山区	住宅	远洋山水	远洋山水片区	1室1厅1卫	64	3600

图 6－35　房地产详细数据示例

6.3.2 房租指数权数录入与修改

房租指数包含一居、二居、三居三个基本分类指数。基本分类指数由代表品价格变动相对数采用几何平均法计算得到。代表品价格变动数是报告期价格与上一期价格对比的相对数。而代表品的平均价格为指定区域指定户型所有中介报送的租金的每平方米月均价格。

系统提供房租价格指数权重确定的功能，先选择指数分析中的"生活必需品价格指数设置"，再点选"中类管理"，系统界面如图6-36所示。

图6-36 生活必需品价格指数设置中类管理

选择"指数名称——房租"，通过页面右下角的设置权数进入权数设置页面，如图6-37所示，用户可根据具体情况进行权数设置，设置完毕点击"保存"，权数设置成功。

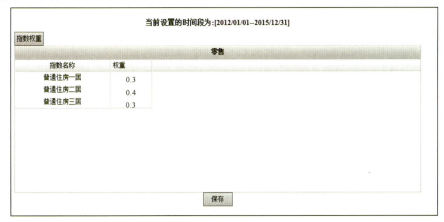

图6-37 房地产权数设置

6.3.3 房租指数呈现

下面选择 2013 年 12 月到 2014 年 10 月为时间跨度、周期为月度展示房租价格指数。

房租代表品的平均价格即指定区域指定户型所有中介报送的租金的每平方米月均价格。选择二居零售作为示例，房租环比指数如图 6—38 所示。由于房租指数代表品的选择不像农产品批发价格指数代表品那样稳定，可能会根据时间发生选择变动，因此，同食品类价格指数一样，房租指数也不提供代表品的同比指数。

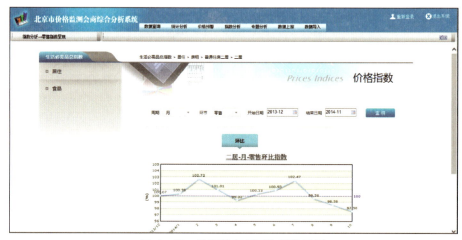

图 6—38 房租代表品环比指数示例

根据对应的代表品相对数，采用几何平均法计算各房租基本分类指数。以普通住房二居为例，系统默认页面为环比指数，见图 6—39。基本分类指数的当月同比指数可由环比指数来推算而得，见图 6—40。

图 6—39 房租基本分类环比指数示例

图6-40 房租基本分类同比指数示例

房租指数的展示较为简单，它是居住大类下面的中类，点选"房租"选项，即可得到房租环比指数，如图6-41所示。当月同比指数由相应的环比指数连乘得到，选择"同比"选项，即可得到房租同比指数，如图6-42所示。

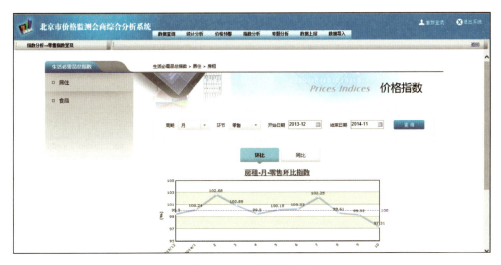

图6-41 房租环比指数

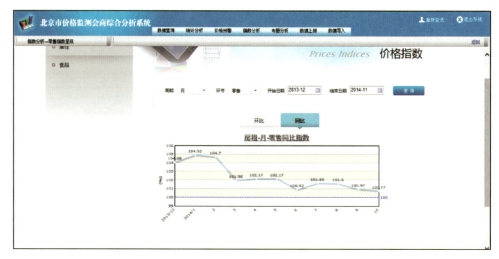

图 6—42　房租同比指数

6.3.4　房租指数报告

为了便于用户对于不同区域房租价格变动的比较，系统特增加了房租分区域月平均价格的报告展示功能。

以 2015 年 5 月为例，系统提供房租分区域月平均价格报告，其中包括当月价格、上月价格、月环比指数。如图 6—43。

图 6—43　房租分区域月平均价格

从图 6－43 中可以看到，不同区域同为一居室，价格变动是不同的。以一居室为例，东城区安定门外的房租价格 5 月相对于 4 月是相对下降的，而东城区永安门外的房租价格 5 月相对于 4 月是相对上升的。

6.4　价格变动与价格指数的案例分析

本节以案例的形式介绍价格变动与价格指数的区别与联系。

在市场经济条件下，商品流通以价格为基础，价格是商品价值的表现形式，也是经济活动的媒介。价格变动是市场供求双方逐力的结果表现，价格指数则反映了某一类或某一种商品价格水平升降的程度。因为价格变动只是反映某一种商品的供求变动的结果，虽然平均价格可以反映一组商品的供求变动情况，但并不能反映结构变化的影响。而价格指数不仅可以反映某一种商品价格变动的程度，还可以反映某一类商品价格水平变动程度，同时也能反映结构变化的影响。因此，从某种意义来说，价格指数是将视野从单一市场扩展到所有市场。

6.4.1　案例一：　猪肉价格变动与生猪指数

下面以单一市场猪肉与生猪为例，选择时间跨度为 2014 年 1 月 1 日到 2014 年 12 月 31 日、月度为周期，对比分析猪肉价格变动趋势图与生猪指数的区别与联系。

图 6－44 是 2014 年全年白条猪月上市量及批发价的对比图，图中柱状图表示白条猪的月上市量，折线图表示价格走势。

图 6－44　2014 年白条猪月上市量及批发价对比图

对应的指数图见图 6－45、图 6－46。图 6－45 是 2014 年各月白条猪的月批发环比指数，图 6－46 是白条猪的月批发同比指数。

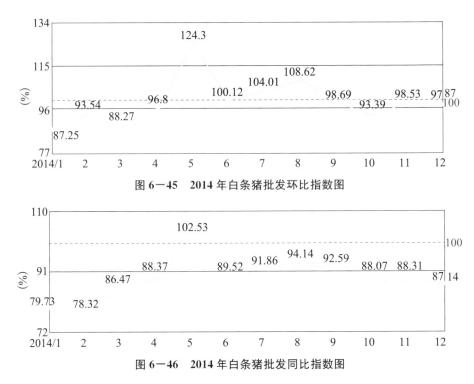

图6—45　2014年白条猪批发环比指数图

图6—46　2014年白条猪批发同比指数图

　　首先来看批发价与环比指数两图之间的差异：在图6—44中，可以直观看到，2014年白条猪的批发价最低点为4月份，最高点为1月份；在图6—46中，猪肉环比指数在1月份达到最低点，5月份达最高点。由于代表品月环比指数就是当月价格与上月价格的相对值。因此，两者对于猪肉价格的数据信息基本是吻合的。不同的是，在白条猪批发价对比图中，最直观看到的是全年价格的最高点和最低点以及全年上市量的最高点和最低点，而在白条猪批发环比指数图中，最直观看到的是价格变动幅度最大的月份，并不能看到上市量的相关信息。如果相对于价格来说，读者更关心的是价格变动趋势，当然环比指数提供了更好的展示方式。

　　再来比较批发价对比图与同比指数两图之间的差异：在图6—44中，最直观看到的是2013年5月与2014年5月猪肉的价格基本一样，但并不能直观看到2014年相对2013年来说，哪个月份的猪肉价格变化最大；但在图6—46比中，可以直观看到2014年相对2013年，5月份的猪肉价格基本维持不变，2014年其他月份猪肉价格均低于2013年，最低点出现在2月份。

　　由此可见，相对于价格判断，指数图形能够更为直观的展示价格变动的趋势和价格变动的幅度。

6.4.2 案例二： 蔬菜价格变动与蔬菜指数

下面以蔬菜为例，选择时间跨度为 2014 年 1 月 1 日到 2014 年 12 月 31 日、周期为月，分析价格水平变动与指数之间的关系。

图 6－47 是 2014 年北京市 25 种蔬菜月上市量及批发价对比图，图 6－48 是 2014 年北京市蔬菜批发环比指数，图 6－49 是 2014 年北京市蔬菜批发同比指数。

图 6－47　2014 年北京市 25 种蔬菜月上市量及批发价对比图

图 6－48　2014 年北京市蔬菜批发环比指数图

图 6－49　2014 北京市蔬菜批发同比指数

首先需要说明的是：图 6－48、图 6－49 中的蔬菜包括果菜、叶菜和其他共三种基本分类，图中的数值是由这三个基本分类加权平均得到的，并不是相同权重计算的结果。这与批发价对比图直接使用 25 种蔬菜价格的平均价是不同的。

下面先分析批发价与环比指数两图之间的差异：如图 6－47 所示，可以直观发现，2014 年北京蔬菜批发价的最低点出现在 8 月，批发价最高点出现在 2 月；北京蔬菜上市量最低点出现在 2 月，最高点出现在 1 月。但无法直观发现相邻两月蔬菜价格上涨或下跌程度最高的月份。而从图 6－48 中，虽然不能看到蔬菜上市量的相关信息，但可以直观发现，在 2014 年，相邻两月蔬菜价格上涨最高点出现在 12 月，最低点出现在 4 月。

再看批发价对比图与同比指数两图之间的差异：如图 6－47 所示，可以直观发现 2014 年 25 种蔬菜批发价格批发价整体低于 2013 年，但不能确定哪个月份的上涨幅度最高。而在图 6－49 中，可以较为直观地发现，2014 年 3 月相对 2013 年 3 月价格上涨幅度最高。

综上所述，指数图形更易看到价格变动的程度与趋势，而且由于环比指数采用逐级向上加权平均方法，指数图形比平均价格图形更能从结构上反映价格变动的程度。而同比指数采用当期与上年同期价格直接相除的方法得到，能够直接反映市场是否保持稳定、健康的发展态势。

7 总结与展望

7.1 生活必需品领域的价格指数编制回顾与总结

编制北京市生活必需品领域价格指数是北京市价格监测工作的重要举措之一，也是价格工作服务经济发展的一大突破，其目的和意义在于：除提供市场价格信息，为企业经营决策提供有效的信息引导外，还可为政府宏观经济决策提供参考，为研究价格水平变动提供准确的数据，为引导消费行为提供权威的价格变动信息。价格指数是衡量总体价格水平变动轨迹及价格水平稳定性的重要指标。价格指数编制质量的高低、准确与否、覆盖范围宽窄等，直接关系到政府价格政策选择的方向是否正确、政策的着力点是否准确、政策实施是否适度、特殊政策工具的运用是否适时。北京市生活必需品领域价格指数的编制、发布和集群发展，对于推进价格监测工作的发展、扩展价格监测的广度和深度、变革价格监测的方式和手段，具有重要的探索意义。

2006年，按照北京市发展和改革委员会领导的指示，为更好地服务政府宏观调控，准确分析 CPI 的走势，北京市价格监测中心根据国家统计局的价格指数计算原理，编制了生活必需品价格监测指数计算方案。当时生活必需品价格监测指数编制工作主要依据《生活必需品价格监测指数目录及规格》，依靠北京市所属 18 个区县发展改革委价格监测网点和市区的 9 家大型商场，监测百姓日常生活必需的重要商品和服务收费价格；根据中国人民大学专家提供的《价格指数计算方案》，计算出反映居民吃、穿、住、用、行和服务 6 大类 33 小类共 264 种生活必需品平均价格变动水平的价格指数，然后进行加权平均并经过汇总得到总指数。该指数对准确判断经济形势，保障和改善民生，加强价格监测部门的公共服务职能，提高价格管理的科学性和前瞻性，具有一定的作用。该项指数编制工作后来虽因种种原因未能继续进行，但为后来生活必需品领域价格指数编制打下了牢固的基础。

2013 年下半年，北京市价格监测中心通过网络整合，增强提高了价格监测信息的交换和传输，建立起了北京市价格监测会商系统，实现了对农副产品、日用消费品、居（农）民服务、能源、房地产、工业生产资料、农业生产资料、机电产品、国内国际大宗商品等重要商品和服务价格的监测，监测范围包括各类商品交易量、交易价格、原产地及相关信息。与此同时，再次开发编制北京市生活必需品领域价格指数。经过一年多的研发，完成了价格指数编制方法调研、价格指数编制方案设计与软件系统需求分析、农产品批发价格指数和生活必需品价格指数中食品类指数和居住类指数的测算与评价等方面的工作。在指数编制工作中，一方面通过广泛的文献调研和深入的方法分析，保证了方案的科学性；另一方面通过对现有价格监测数据的分析与权数组合试算，在专家的指导下，保证了方案的可操作性和结果的合理性。在指数编制过程中，克服了许许多多的困难。例如，在数据质量问题方面，采用统计方法对异常数据进行识别和修正，同时建立数据审核制度，在数据采集过程中对数据进行实时检验，从数据源头减少错误数据的产生，为建立科学有效的价格指数提供重要保证。又如，在采集方法口径的一致性问题上，进一步规范监测制度，明确代表品规格，在计算前进行统一数据预处理，从而保证数据采集方法规范、数据口径统一。对指数编制中最重要的权数确定问题，采用住户调查数据和典型市场调研相结合的方法，同时广泛参考现有的各种指数编制中的权数设定方法，最终经过专家研讨和指数实证效果检验来确定指数权数，从方法流程的科学性和实证检验的可行性两个角度保证指数模型中权数设定的正确有效。在居住类指数编制方面，不同区域房租的差异性给指数编制带来了巨大的困难，选择代表区域虽能够减小这种差异性，但会削弱数据的代表性，因此，最终仍然采取所有采样房租数据，依据北京市住房和城乡建设委员会对北京市 16 个行政区划分的 114 个区域，对几十万条房租价格数据进行小区域划分。小区域划分工作采用人工分区和短地址自动提取相结合的方法，最终形成房屋短地址和楼盘名与小区域对应字典，为未来房租指数的持续更新计算提供了有效的依据。

从最终的指数测算与结果评价来看，北京市价格监测中心建立的这套指数编制方法体系真实地反映了北京市生活必需品领域价格变动的整体趋势，同时及时有效地反映了生活必需品短期价格的波动情况，为市场价格监测和形势分析提供了有力的数据支持。作为价格监测会商系统最重要的组成部分，北京生活必需品领域价格指数及时准确跟踪掌握北京生活必需品的市场价格动态，为政府在价格调控方面提供了决策参考；同时又更好地开发利用了信息资源，从根本上最大限度地抑制市场恶性操作带来市场价格的不正常波动，确保了市场价格的相对稳定，成为新时期价格工作的重要支持和保证，有效提高了政府价格工作的水平和话语权。

7.2　价格指数编制工作的发展与展望

改革开放以来，我国经济持续快速增长。当前，我国经济已站在新的起点上，经济增长速度换挡，经济结构深度调整和升级，经济发展动力机制转换，以及社会艰难转型，将成为这一时期我国经济社会发展的突出特征。在新的形势和背景下，技术进步、制度变革、供给改善、需求升级等引起商业模式和消费方式不断升级，已有产品和服务出现新的快速扩张，新产品和服务不断涌现，要求政府价格主管部门及时掌握市场动态，科学分析新常态下价格水平的趋势性变化，正确把握做好价格工作的新要求，勇于担当，积极作为，发挥好价格监测工作在新常态下的作用。

北京市生活必需品领域价格指数体系的创建具有鲜明的北京特色，涵盖了北京市民日常生活必需的食品、服装鞋帽、家居用品、交通通讯服务等方方面面，体系设计全面并具代表性，数据采集的信息化水平高，监测手段灵活。北京市属于消费型特大城市，大量的消费品需要从外埠购进，同时，生产所需的原料也具有很高的对外依存度，建立北京市生活必需品领域价格指数体系，有助于从流通环节监测价格水平，全面观察这些生活必需品的批发和零售价格的走势。监测价格变化趋势与变化幅度，有助于了解行业效益情况，分析研究行业发展，为政府制定行业规划提供支持，为企业经营活动提供参考。

近十年来，食品价格波动是导致居民消费价格波动的主要因素之一，非食品价格变动对居民消费价格指数的影响也在逐步增强。长期看，北京市生活必需品领域价格指数体系还需进一步健全完善。目前，食品类价格指数体系较为健全，涵盖批发和零售环节。未来非食品价格指数也将会逐步完善。我们将从生产资料和生活资料两个方面建立出厂环节、零售环节的价格指数。不同环节的价格传递规律将是我们指数研究的重点。

北京市生活必需品领域价格指数体系的建立，是进一步探索和研究更好衡量价格整体水平的方式和有效途径。北京市生活必需品领域价格指数应在稳定价格政策、促进农产品有效供给、管理通胀预期等方面发挥积极作用，为衡量经济周期、度量整体价格水平做出积极贡献。今后，我们将根据政府价格监管和宏观调控的需要以及首都经济的特点，适时增加重点、热点商品及服务的价格指数类别，通过价格监测体系的不断健全和价格监测指数体系的不断完善，真正发挥北京生活必需品领域价格指数的预期引领作用，通过发布权威的市场价格信息，引导公众合理的价格预期，引导消费者理性消费。同时，通过指数监测和分析，加强对市场价格、流通环节的监测预警，警告价格违法违规行为，鼓励竞争，规范市场各级主体的价格行为，促进价格监测职能的进一步完善。

建立完善的北京市生活必需品领域价格指数体系并非一日之功。为此，我们需做好以下四方面工作：

一是加强研究。首先加强对经济发展阶段和价格变化的研究。本书对价格指数的研究主要集中在近几年，未考虑经济增长阶段和经济结构变化对价格的影响。2014年以来，我国经济增速出现趋势性放缓，经济由高增长阶段向中速增长阶段转换，经济增速和回落以及经济结构的调整会对价格变化带来什么样的影响，在过去的年份中影响价格变动的主要因素又会发生什么变化，所有这些，需要进一步深入研究。

二是深入挖掘。做深北京市生活必需品领域价格指数，希望通过不断完善不同类别和层级的价格指数，在一定范围内能够反映商品的综合变化程度。做好商品上下游环节价格指数的比较分析，发挥价格监测在中短期价格波动预测预警方面的作用，进一步提高对中短期波动特别是异常波动时价格预测预警的准确性。

三是总结规律。我国价格波动周期性趋势明显，价格的变化特别是那些对整体价格形势有较大影响的重要商品价格的变化，与宏观经济的周期波动特别是一些行业的发展阶段及周期波动有较大关系。未来北京市生活必需品领域价格指数编制工作将会加强对重要商品价格指数的研究，通过对宏观经济和重要行业发展整体趋势的准确把握，总结一些重要行业发展规律与中长期发展趋势，提出高质量、有分量的政策建议。

四是创新思路。新形势下的价格监测工作要求我们要以更加宏观、开放的视角"跳出价格看价格"。目前，我们建立的价格监测体系还不够完善，需要创新思路，不断完善。北京市生活必需品领域的价格指数体系的建立，正是我们创新思路、拓展手段的具体体现。未来我们将紧紧围绕价格分析调控需要，进一步做好分类商品价格指数的编制工作，建立健全覆盖全市的市场供求、交易量、价格变动等信息的数据库，真正反映北京经济的消费结构和现实状况，为政府相关管理部门调整价格政策、加强市场价格监督管理提供依据和支持。

8 附 录

8.1 农产品批发价格监测数据审核评估办法

为加强农产品批发价格监测数据的质量管理，提高本市农产品批发价格指数的公信力，夯实价格监测基础数据的质量，结合实际工作，特制订本办法。

一、原始数据的审核

1. 各批发市场应按照相关规定，采集批发价格、成交量、成交额等数据，数据录入之后必须经过人工审核，再将审核无误的数据上报。

2. 信息技术科负责对原始数据的计算机审核，包括指标间的平衡关系和逻辑对应关系审核。并且根据实际情况，适时调整审核程序。

3. 监测一科负责审核各批发市场的上报数据。（1）审核各批发市场日监测数据的准确性和可比性。（2）重点审核日环比价格升降幅度较大的品种，了解价格变动的原因。（3）运用趋势判断法和横向对比法，对日报数据进行逻辑审核。对各批发市场上报的价格数据进行纵向（与前日）和横向（与其他市场）对比审核；对各批发市场上报的交易量数据进行纵向（与前日）对比审核。（4）粮食、食用油价格连续7日不变，肉、禽、蛋、菜、水产品、鲜果价格连续3日不变，应查询弄清原因。

二、汇总数据的审核

1. 监测一科应在周、月报数据汇总后的次日，完成周报、月报数据的审核。

2. 审核的重点：一是周、月环比与同比指数升降幅度居前三位的；二是周、月环比与同比指数升降幅度鲜活商品超过 10％，粮油超过 5％的；三是连续两周环比指数为 100％的。如果发现问题，应倒查价格数据，确实有误的应予以纠正。

三、数据评估

1. 相关业务人员应每月抽选 1～2 家上报单位，深入基层、深入实际开展调研，全程跟踪采价人员进行实地价格调查，捕捉农产品批发价格变化的新苗头、新动向。

2. 综合分析科应参考舆情监测报告，在周报数据汇总的次日，完成对周报数据的评估。参考国际市场大宗商品价格走势、相关先行经济指标、居民消费价格指数分类数据等，完成对农产品批发价格指数的评估。并且利用环比、同比、累计指数之间的关系，进行趋势判断和定性评估。

3. 信息管理科每月定期将连续 10 天价格不变品种上报中心主任。

4. 价格监测中心每季度召开一次数据质量评估会。会上，价格监测中心做全市农产品批发价格数据评估报告。并指定 2～3 家批发市场做典型发言，对各自市场的数据进行评估。

8.2 农产品批发价格监测目录

商品类别及品名	代表品代码＋代表品名称［品牌/规格/产地］＋（数据频率）	计量单位
1. 粮食		
1.1 粳米（8）	E000054 粳米［25 公斤袋装 普通圆粒/黑龙江］（日度）	元/公斤
	E000055 粳米［5 公斤袋装 普通圆粒/黑龙江］（日度）	
	E000056 粳米［25 公斤袋装 普通圆粒/吉林］（日度）	
	E000057 粳米［5 公斤袋装 普通圆粒/吉林］（日度）	
	E000058 粳米［25 公斤袋装 普通圆粒/辽宁］（日度）	
	E000059 粳米［5 公斤袋装 普通圆粒/辽宁］（日度）	
	E000060 粳米［25 公斤袋装 普通圆粒/其他］（日度）	
	E000061 粳米［5 公斤袋装 普通圆粒/其他］（日度）	
1.2 富强粉（4）	E000046 富强粉［古船/25 公斤袋装］（日度）	元/公斤
	E000047 富强粉［古船/5 公斤袋装］（日度）	
	E000048 富强粉［五得利/25 公斤袋装］（日度）	
	E000049 富强粉［五得利/5 公斤袋装］（日度）	

商品类别及品名	代表品代码＋代表品名称［品牌/规格/产地］＋（数据频率）	计量单位
1.3 标准粉（4）	E000121 标准粉［古船/5公斤袋装］（日度）	
	E001008 标准粉［古船/25公斤袋装］（日度）	
	E001009 标准粉［五得利/25公斤袋装］（日度）	
	E001010 标准粉［五得利/5公斤袋装］（日度）	
1.4 杂粮（7）	E000062 小米［散装］（日度）	元/公斤
	E000063 黄豆［散装］（日度）	
	E000064 绿豆［散装］（日度）	
	E000066 江米［散装］（日度）	
	E000067 花生米［散装］（日度）	
	E000132 红小豆［散装］（日度）	
	E000133 玉米面［散装］（日度）	
2. 食用油		
2.1 花生油（1）	E000071 花生油［鲁花/桶装一级压榨］（日度）	元/升
2.2 大豆油（1）	E000080 大豆油［散装］（日度）	元/升
2.3 调和油（2）	E000073 调和油［金龙鱼/一级桶装］（日度）	
	E000076 调和油［福临门/一级桶装］（日度）	
3. 肉禽		
3.1 牛肉（2）	E000085 鲜牛肉［新鲜去骨，统货］（日度）	元/公斤
	E000087 鲜牛肉［新鲜带骨，统货］（日度）	
3.2 猪肉（1）	E000084 白条猪［新鲜带骨，统货］（日度）	元/公斤
3.3 羊肉（2）	E000086 鲜羊肉［新鲜去骨，后腿肉］（日度）	元/公斤
	E000088 鲜羊肉［新鲜带骨，统货］（日度）	
3.4 禽（3）	E000090 白条鸡［新鲜上等，开膛］（日度）	元/公斤
	E000091 三黄鸡［新鲜上等，开膛］（日度）	
	E000095 鸭子［新鲜上等，开膛］（日度）	
4. 蛋		
4.1 鲜蛋（1）	E000097 鸡蛋［新鲜完整］（日度）	元/箱

续表

商品类别及品名	代表品代码＋代表品名称［品牌/规格/产地］·＋（数据频率）	计量单位
5. 蔬菜		
5.1 果菜（8）	E000004 黄瓜［新鲜中等］（日度）	元/公斤
	E000005 西红柿［新鲜中等］（日度）	
	E000006 圆茄子［新鲜中等］（日度）	
	E000007 青椒［新鲜中等］（日度）	
	E000015 冬瓜［新鲜中等］（日度）	
	E000019 豆角［新鲜中等］（日度）	
	E000023 尖椒［新鲜中等］（日度）	
	E000025 苦瓜［新鲜中等］（日度）	
5.2 叶菜（8）	E000010 油菜［新鲜中等］（日度）	元/公斤
	E000016 菠菜［新鲜中等］（日度）	
	E000017 小白菜［新鲜中等］（日度）	
	E000020 韭菜［新鲜中等］（日度）	
	E000022 生菜［新鲜中等］（日度）	
	E000032 油麦菜［新鲜中等］（日度）	
	E000002 大白菜［新鲜中等］（日度）	
	E000003 圆白菜［新鲜中等］（日度）	
5.3 其他（15）	E000008 土豆［新鲜中等］（日度）	元/公斤
	E000009 菜花［新鲜中等］（日度）	
	E000024 平菇［新鲜中等］（日度）	
	E000021 蒜苗［新鲜中等］（日度）	
	E000027 绿豆芽［新鲜中等］（日度）	
	E000028 黄豆芽［新鲜中等］（日度）	
	E000012 白萝卜［新鲜中等］（日度）	
	E00001 心里美萝卜［新鲜中等］（日度）	
	E000014 胡萝卜［新鲜中等］（日度）	
	E000026 葱头［新鲜中等］（日度）	
	E000018 莴笋［新鲜中等］（日度）	
	E000030 大葱［新鲜中等］（日度）	
	E000031 生姜［新鲜中等］（日度）	
	E000011 芹菜［新鲜中等］（日度）	

续表

商品类别及品名	代表品代码＋代表品名称［品牌/规格/产地］＋（数据频率）	计量单位
6. 水果		
6.1 西瓜（1）	E000041 西瓜［国产一级］（日度）	元/公斤
6.2 苹果（2）	E000034 富士苹果［一级］（日度）	元/公斤
	E000035 国光苹果［一级］（日度）	
6.3 香蕉（2）	E000042 香蕉［进口一级］（日度）	元/公斤
	E000043 香蕉［国产一级］（日度）	
6.4 梨（2）	E000036 雪花梨［国产一级］（日度）	元/公斤
	E000037 鸭梨［国产一级］（日度）	
7. 水产品		
7.1 海水鱼（3）	E000099 带鱼［冻，国产 250 克/条左右］（日度）	元/公斤
	E000100 带鱼［冻，进口 500 克/条左右］（日度）	
	E000102 黄花鱼［冻，国产 500 克/条左右］（日度）	
7.2 淡水鱼（4）	E000103 草鱼［鲜活，1000 克/条左右］（日度）	元/公斤
	E000105 鲫鱼［鲜活，350 克/条左右］（日度）	
	E000104 鲤鱼［鲜活，500 克/条左右］（日度）	
	E000106 鲢鱼［白鲢，鲜活，750 克/条左右］（日度）	

8.3 农产品批发价格指数报表

北京市农产品批发价格指数：周度指数

	周环比指数	周同比指数
农产品批发价格总指数		
1. 粮食		
1.1 粳米		
1.2 富强粉		
1.3 标准粉		
1.4 杂粮		

续表

	周环比指数	周同比指数
2. 食用油		
2.1 花生油		
2.2 大豆油		
2.3 调和油		
3. 肉禽		
3.1 牛肉		
3.2 猪肉		
3.3 羊肉		
3.4 禽		
4. 蛋		
5. 蔬菜		
5.1 果菜		
5.2 叶菜		
5.3 其他		
6. 水果		
6.1 西瓜		
6.2 苹果		
6.3 香蕉		
6.4 梨		
7. 水产品		
7.1 海水鱼		
7.2 淡水鱼		

北京市农产品批发价格指数：旬度指数

	旬环比指数	旬同比指数
农产品批发价格总指数		
1. 粮食		
1.1 粳米		
1.2 富强粉		
1.3 标准粉		
1.4 杂粮		
2. 食用油		
2.1 花生油		
2.2 大豆油		
2.3 调和油		
3. 肉禽		
3.1 牛肉		
3.2 猪肉		
3.3 羊肉		
3.4 禽		
4. 蛋		
5. 蔬菜		
5.1 果菜		
5.2 叶菜		
5.3 其他		
6. 水果		
6.1 西瓜		
6.2 苹果		
6.3 香蕉		
6.4 梨		
7. 水产品		
7.1 海水鱼		
7.2 淡水鱼		

北京市农产品批发价格指数：月度指数（详细）

商品类别及品名	本月成交总额	权数（%）	本月均价	上月均价	去年同月均价	月环比指数	月同比指数
农产品批发价格总指数							
1. 粮食							
1.1 粳米							
E000054 粳米							
E000055 粳米							
E000056 粳米							
E000057 粳米							
E000058 粳米							
E000059 粳米							
E000060 粳米							
E000061 粳米							
1.2 富强粉							
E000046 富强粉							
E000047 富强粉							
E000048 富强粉							
E000049 富强粉							
1.3 标准粉							
E000121 标准粉							
E001008 标准粉							
E001009 标准粉							
E001010 标准粉							
1.4 杂粮							
E000062 小米							
E000063 黄豆							
E000064 绿豆							

续表

商品类别及品名	本月成交总额	权数（%）	本月均价	上月均价	去年同月均价	月环比指数	月同比指数
E000066 江米							
E000067 花生米							
E000132 红小豆							
E000133 玉米面							
2. 食用油							
2.1 花生油							
E000071 花生油							
2.2 大豆油							
E000080 大豆油							
2.3 调和油							
E000073 调和油							
E000076 调和油							
3. 肉禽							
3.1 牛肉							
E000085 鲜牛肉							
E000087 鲜牛肉							
3.2 猪肉							
E000084 白条猪							
3.3 羊肉							
E000086 鲜羊肉							
E000088 鲜羊肉							
3.4 禽							
E000090 白条鸡							
E000091 三黄鸡							
E000095 鸭子							
4. 蛋							
4.1 鲜蛋							
E000097 鸡蛋							

续表

商品类别及品名	本月成交总额	权数（%）	本月均价	上月均价	去年同月均价	月环比指数	月同比指数
5. 蔬菜							
5.1 果菜							
E000004 黄瓜							
E000005 西红柿							
E000006 圆茄子							
E000007 青椒							
E000015 冬瓜							
E000019 豆角							
E000023 尖椒							
E000025 苦瓜							
5.2 叶菜							
E000010 油菜							
E000017 小白菜							
E000022 生菜							
E000002 大白菜							
E000016 菠菜							
E000020 韭菜							
E000032 油麦菜							
E000003 圆白菜							
5.3 其他							
E000008 土豆							
E000009 菜花							
E000024 平菇							
E000021 蒜苗							
E000027 绿豆芽							
E000012 白萝卜							
E000014 胡萝卜							
E000018 莴笋							

续表

商品类别及品名	本月成交总额	权数（％）	本月均价	上月均价	去年同月均价	月环比指数	月同比指数
E000029 大蒜							
E000031 生姜							
E000030 大葱							
E000028 黄豆芽							
E00001 心里美萝卜							
E000026 葱头							
E000011 芹菜							
6. 水果							
6.1 西瓜							
E000041 西瓜							
6.2 苹果							
E000034 富士苹果							
E000035 国光苹果							
6.3 香蕉							
E000042 香蕉							
E000043 香蕉							
6.4 梨							
E000036 雪花梨							
E000037 鸭梨							
7. 水产品							
7.1 海水鱼							
E000099 带鱼							
E000100 带鱼							
E000102 黄花鱼							
7.2 淡水鱼							
E000103 草鱼							
E000105 鲫鱼							
E000104 鲤鱼							
E000106 鲢鱼							

北京市农产品批发价格指数：周度指数（详细）

商品类别及品名	本周成交总额	权数（%）	本周均价	上周均价	去年同周均价	周环比指数	周同比指数
农产品批发价格总指数							
1. 粮食							
1.1 粳米							
E000054 粳米							
E000055 粳米							
E000056 粳米							
E000057 粳米							
E000058 粳米							
E000059 粳米							
E000060 粳米							
E000061 粳米							
1.2 富强粉							
E000046 富强粉							
E000047 富强粉							
E000048 富强粉							
E000049 富强粉							
1.3 标准粉							
E000121 标准粉							
E001008 标准粉							
E001009 标准粉							
E001010 标准粉							
1.4 杂粮							
E000062 小米							
E000063 黄豆							
E000064 绿豆							

续表

商品类别及品名	本周成交总额	权数（%）	本周均价	上周均价	去年同周均价	周环比指数	周同比指数
E000066 江米							
E000067 花生米							
E000132 红小豆							
E000133 玉米面							
2. 食用油							
2.1 花生油							
E000071 花生油							
2.2 大豆油							
E000080 大豆油							
2.3 调和油							
E000073 调和油							
E000076 调和油							
3. 肉禽							
3.1 牛肉							
E000085 鲜牛肉							
E000087 鲜牛肉							
3.2 猪肉							
E000084 白条猪							
3.3 羊肉							
E000086 鲜羊肉							
E000088 鲜羊肉							
3.4 禽							
E000090 白条鸡							
E000091 三黄鸡							
E000095 鸭子							
4. 蛋							
4.1 鲜蛋							
E000097 鸡蛋							

商品类别及品名	本周成交总额	权数（%）	本周均价	上周均价	去年同周均价	周环比指数	周同比指数
5. 蔬菜							
5.1 果菜							
E000004 黄瓜							
E000005 西红柿							
E000006 圆茄子							
E000007 青椒							
E000015 冬瓜							
E000019 豆角							
E000023 尖椒							
E000025 苦瓜							
5.2 叶菜							
E000010 油菜							
E000017 小白菜							
E000022 生菜							
E000002 大白菜							
E000016 菠菜							
E000020 韭菜							
E000032 油麦菜							
E000003 圆白菜							
5.3 其他							
E000008 土豆							
E000009 菜花							
E000024 平菇							
E000021 蒜苗							
E000027 绿豆芽							
E000012 白萝卜							
E000014 胡萝卜							
E000018 莴笋							

续表

商品类别及品名	本周成交总额	权数（%）	本周均价	上周均价	去年同周均价	周环比指数	周同比指数
E000029 大蒜							
E000031 生姜							
E000030 大葱							
E000028 黄豆芽							
E00001 心里美萝卜							
E000026 葱头							
E000011 芹菜							
6. 水果							
6.1 西瓜							
E000041 西瓜							
6.2 苹果							
E000034 富士苹果							
E000035 国光苹果							
6.3 香蕉							
E000042 香蕉							
E000043 香蕉							
6.4 梨							
E000036 雪花梨							
E000037 鸭梨							
7. 水产品							
7.1 海水鱼							
E000099 带鱼							
E000100 带鱼							
E000102 黄花鱼							
7.2 淡水鱼							
E000103 草鱼							
E000105 鲫鱼							
E000104 鲤鱼							
E000106 鲢鱼							

北京市农产品批发价格指数：旬度指数（详细）

商品类别及品名	本旬成交总额	权数（%）	本旬均价	上旬均价	去年同旬均价	旬环比指数	旬同比指数
农产品批发价格总指数							
1. 粮食							
1.1 粳米							
E000054 粳米							
E000055 粳米							
E000056 粳米							
E000057 粳米							
E000058 粳米							
E000059 粳米							
E000060 粳米							
E000061 粳米							
1.2 富强粉							
E000046 富强粉							
E000047 富强粉							
E000048 富强粉							
E000049 富强粉							
1.3 标准粉							
E000121 标准粉							
E001008 标准粉							
E001009 标准粉							
E001010 标准粉							
1.4 杂粮							
E000062 小米							
E000063 黄豆							
E000064 绿豆							

续表

商品类别及品名	本旬成交总额	权数（%）	本旬均价	上旬均价	去年同旬均价	旬环比指数	旬同比指数
E000066 江米							
E000067 花生米							
E000132 红小豆							
E000133 玉米面							
2. 食用油							
2.1 花生油							
E000071 花生油							
2.2 大豆油							
E000080 大豆油							
2.3 调和油							
E000073 调和油							
E000076 调和油							
3. 肉禽							
3.1 牛肉							
E000085 鲜牛肉							
E000087 鲜牛肉							
3.2 猪肉							
E000084 白条猪							
3.3 羊肉							
E000086 鲜羊肉							
E000088 鲜羊肉							
3.4 禽							
E000090 白条鸡							
E000091 三黄鸡							
E000095 鸭子							
4. 蛋							
4.1 鲜蛋							
E000097 鸡蛋							

商品类别及品名	本旬成交总额	权数（%）	本旬均价	上旬均价	去年同旬均价	旬环比指数	旬同比指数
5. 蔬菜							
5.1 果菜							
E000004 黄瓜							
E000005 西红柿							
E000006 圆茄子							
E000007 青椒							
E000015 冬瓜							
E000019 豆角							
E000023 尖椒							
E000025 苦瓜							
5.2 叶菜							
E000010 油菜							
E000017 小白菜							
E000022 生菜							
E000002 大白菜							
E000016 菠菜							
E000020 韭菜							
E000032 油麦菜							
E000003 圆白菜							
5.3 其他							
E000008 土豆							
E000009 菜花							
E000024 平菇							
E000021 蒜苗							
E000027 绿豆芽							
E000012 白萝卜							
E000014 胡萝卜							
E000018 莴笋							

商品类别及品名	本旬成交总额	权数（％）	本旬均价	上旬均价	去年同旬均价	旬环比指数	旬同比指数
E000029 大蒜							
E000031 生姜							
E000030 大葱							
E000028 黄豆芽							
E00001 心里美萝卜							
E000026 葱头							
E000011 芹菜							
6. 水果							
6.1 西瓜							
E000041 西瓜							
6.2 苹果							
E000034 富士苹果							
E000035 国光苹果							
6.3 香蕉							
E000042 香蕉							
E000043 香蕉							
6.4 梨							
E000036 雪花梨							
E000037 鸭梨							
7. 水产品							
7.1 海水鱼							
E000099 带鱼							
E000100 带鱼							
E000102 黄花鱼							
7.2 淡水鱼							
E000103 草鱼							
E000105 鲫鱼							
E000104 鲤鱼							
E000106 鲢鱼							

8.4 批发市场销往北京总量调查（蔬菜）

调查地址：北京市丰台区新发地批发市场
商户主经营的商品类别：蔬菜
黄瓜的日平均价格为所有品种的黄瓜的日平均价格，其他蔬菜相同。
果菜类
B1

商品名称	平均每日进货总量（公斤）	平均每日销往北京市内的成交量（公斤）	平均每日销往外地的成交量（公斤）
黄瓜	30	25	5

B2

商品名称	平均每日进货总量（公斤）	平均每日销往北京市内的成交量（公斤）	平均每日销往外地的成交量（公斤）
西红柿	56	56	

B3

商品名称	平均每日进货总量（公斤）	平均每日销往北京市内的成交量（公斤）	平均每日销往外地的成交量（公斤）
圆茄子	22	22	

B4

商品名称	平均每日进货总量（公斤）	平均每日销往北京市内的成交量（公斤）	平均每日销往外地的成交量（公斤）
青椒	26	26	

B5

商品名称	平均每日进货总量（公斤）	平均每日销往北京市内的成交量（公斤）	平均每日销往外地的成交量（公斤）
生姜	16	12	4

B6

商品名称	平均每日进货总量（公斤）	平均每日销往北京市内的成交量（公斤）	平均每日销往外地的成交量（公斤）
土豆	100	80	20

B7

商品名称	平均每日进货总量（公斤）	平均每日销往北京市内的成交量（公斤）	平均每日销往外地的成交量（公斤）
菜花	26	26	

B8

商品名称	平均每日进货总量（公斤）	平均每日销往北京市内的成交量（公斤）	平均每日销往外地的成交量（公斤）
白萝卜	30	30	

B9

商品名称	平均每日进货总量（公斤）	平均每日销往北京市内的成交量（公斤）	平均每日销往外地的成交量（公斤）
心里美萝卜	6	6	

B10

商品名称	平均每日进货总量（公斤）	平均每日销往北京市内的成交量（公斤）	平均每日销往外地的成交量（公斤）
胡萝卜	55	50	5

B11

商品名称	平均每日进货总量（公斤）	平均每日销往北京市内的成交量（公斤）	平均每日销往外地的成交量（公斤）
冬瓜	84	74	10

B12

商品名称	平均每日进货总量（公斤）	平均每日销往北京市内的成交量（公斤）	平均每日销往外地的成交量（公斤）
豆角	20	20	

B13

商品名称	平均每日进货总量（公斤）	平均每日销往北京市内的成交量（公斤）	平均每日销往外地的成交量（公斤）
尖椒	32	32	

B14

商品名称	平均每日进货总量（公斤）	平均每日销往北京市内的成交量（公斤）	平均每日销往外地的成交量（公斤）
苦瓜	7	7	

B15

商品名称	平均每日进货总量（公斤）	平均每日销往北京市内的成交量（公斤）	平均每日销往外地的成交量（公斤）
葱头	110	80	30

B16

商品名称	平均每日进货总量（公斤）	平均每日销往北京市内的成交量（公斤）	平均每日销往外地的成交量（公斤）
大蒜	115	80	35

叶菜类

B17

商品名称	平均每日进货总量（公斤）	平均每日销往北京市内的成交量（公斤）	平均每日销往外地的成交量（公斤）
大白菜	80	80	

B18

商品名称	平均每日进货总量（公斤）	平均每日销往北京市内的成交量（公斤）	平均每日销往外地的成交量（公斤）
圆白菜	80	80	

B19

商品名称	平均每日进货总量（公斤）	平均每日销往北京市内的成交量（公斤）	平均每日销往外地的成交量（公斤）
油麦菜	1	1	

B20

商品名称	平均每日进货总量（公斤）	平均每日销往北京市内的成交量（公斤）	平均每日销往外地的成交量（公斤）
油菜	5	5	

B21

商品名称	平均每日进货总量（公斤）	平均每日销往北京市内的成交量（公斤）	平均每日销往外地的成交量（公斤）
芹菜	32	32	

B22

商品名称	平均每日进货总量（公斤）	平均每日销往北京市内的成交量（公斤）	平均每日销往外地的成交量（公斤）
莴笋	25	25	

B23

商品名称	平均每日进货总量（公斤）	平均每日销往北京市内的成交量（公斤）	平均每日销往外地的成交量（公斤）
菠菜	4	4	

B24

商品名称	平均每日进货总量（公斤）	平均每日销往北京市内的成交量（公斤）	平均每日销往外地的成交量（公斤）
大葱	96	80	16

B25

商品名称	平均每日进货总量（公斤）	平均每日销往北京市内的成交量（公斤）	平均每日销往外地的成交量（公斤）
绿豆芽	8	8	

B26

商品名称	平均每日进货总量（公斤）	平均每日销往北京市内的成交量（公斤）	平均每日销往外地的成交量（公斤）
平菇	8	8	

B27

商品名称	平均每日进货总量（公斤）	平均每日销往北京市内的成交量（公斤）	平均每日销往外地的成交量（公斤）
小白菜	6	6	

B28

商品名称	平均每日进货总量（公斤）	平均每日销往北京市内的成交量（公斤）	平均每日销往外地的成交量（公斤）
韭菜	10	10	

B29

商品名称	平均每日进货总量（公斤）	平均每日销往北京市内的成交量（公斤）	平均每日销往外地的成交量（公斤）
蒜苗	22	20	2

B30

商品名称	平均每日进货总量（公斤）	平均每日销往北京市内的成交量（公斤）	平均每日销往外地的成交量（公斤）
生菜	30	25	5

B31

商品名称	平均每日进货总量（公斤）	平均每日销往北京市内的成交量（公斤）	平均每日销往外地的成交量（公斤）
黄豆芽	9	9	

日期：2013 年 7 月 3 日

8.5　批发市场销往北京总量调查（水果）

调查地址：北京市丰台区新发地批发市场
商户主经营的商品类别：水果类
这里的水果类别是按照上报数据中的水果类别划分的。

B1

商品规格等级	商品品类	平均每日成交量（公斤）	平均每日销往北京市内的成交量（公斤）	平均每日销往外地的成交总量（公斤）
一级	富士苹果	1000000	500000	500000

B2

商品规格等级	商品品类	平均每日成交量（公斤）	平均每日销往北京市内的成交量（公斤）	平均每日销往外地的成交总量（公斤）
一级	国光苹果			

B3

商品规格等级	商品品类	平均每日成交量（公斤）	平均每日销往北京市内的成交量（公斤）	平均每日销往外地的成交总量（公斤）
国产一级	雪花梨	50000	30000	20000

B4

商品规格等级	商品品类	平均每日成交量（公斤）	平均每日销往北京市内的成交量（公斤）	平均每日销往外地的成交总量（公斤）
国产一级	鸭梨	170000	100000	70000

B5

商品规格等级	商品品类	平均每日成交量（公斤）	平均每日销往北京市内的成交量（公斤）	平均每日销往外地的成交总量（公斤）
国产一级	葡萄	290000	180000	90000

B6

商品规格等级	商品品类	平均每日成交量（公斤）	平均每日销往北京市内的成交量（公斤）	平均每日销往外地的成交总量（公斤）
新鲜中等	水蜜桃	40000	20000	20000

B7

商品规格等级	商品品类	平均每日成交量（公斤）	平均每日销往北京市内的成交量（公斤）	平均每日销往外地的成交总量（公斤）
新鲜中等	芦柑			

B8

商品规格等级	商品品类	平均每日成交量（公斤）	平均每日销往北京市内的成交量（公斤）	平均每日销往外地的成交总量（公斤）
国产一级	西瓜	4600000	4000000	600000

B9

商品规格等级	商品品类	平均每日成交量（公斤）	平均每日销往北京市内的成交量（公斤）	平均每日销往外地的成交总量（公斤）
进口一级	香蕉	30000	20000	10000

B10

商品规格等级	商品品类	平均每日成交量（公斤）	平均每日销往北京市内的成交量（公斤）	平均每日销往外地的成交总量（公斤）
国产一级	香蕉	110000	80000	30000

日期：2013 年 7 月 3 日

8.6　生活必需品价格监测目录

大类类别	中类类别	基本分类类别	代表品	编码	单位
一、食品					
	1. 粮食				
		大米	粳米/ 散装 /古船	E000124	元/500 克
		面粉	富强粉/ 5 公斤袋装/古船	E000047	元/袋
			标准粉/ 5 公斤袋装/古船	E000121	元/袋
		杂粮	玉米面/ 散装	E000133	元/500 克
			小米/ 散装	E000062	元/500 克
			黄豆/ 散装	E000063	元/500 克
			花生米/ 散装	E000067	元/500 克
			江米/ 散装	E000066	元/500 克
			绿豆/ 散装	E000064	元/500 克
			红小豆/ 散装	E000132	元/500 克
		粮食制品	饼干/ 富丽	E000130	元/500 克
			切面/ 散装	E000126	元/500 克
			大饼/ 散装	E000128	元/500 克
			强化营养面包/曼可顿	E000129	元/袋
	2. 食用油				
		花生油	花生油/ 桶装一级 / 鲁花	E000071	元/5 升
		大豆油	大豆油/ 散装/ 金龙鱼	E000187	元/500 克
		调和油	调和油/ 桶装一级/ 金龙鱼	E000073	元/5 升
		香油	香油/ 450ml, 瓶装 / 古币	E000138	元/瓶
	3. 肉禽及其制品				
		猪肉	鲜猪肉/ 五花肉	E000194	元/500 克
			鲜猪肉/ 肋排	E000193	元/500 克
			鲜猪肉/ 后臀尖	E000191	元/500 克
			鲜猪肉/ 精瘦肉	E000190	元/500 克
			鲜猪肉/ 瘦肉馅	E000192	元/500 克
		牛肉	鲜牛肉/ 腱子肉	E001506	元/500 克

续表

大类类别	中类类别	基本分类类别	代表品	编码	单位
			鲜牛肉/ 新鲜去骨,牛腩	E001507	元/500 克
		羊肉	鲜羊肉/ 新鲜去骨,后腿肉	E000086	元/500 克
		鸡肉	三黄鸡/ 新鲜上等	E000091	元/500 克
			柴鸡/ 新鲜上等	E000092	元/500 克
			白条鸡/	E000090	元/500 克
			乌鸡/ 新鲜上等	E000093	元/500 克
		鸭肉	鸭子/ 新鲜上等,开膛	E000095	元/500 克
		肉禽制品	火腿肠/ 优级 250 克袋装	E000180	元/袋
			松仁小肚/ 天福号	E000184	元/500 克
			酱牛肉/ 育青	E000182	元/500 克
	4. 蛋				
		鸡蛋	鸡蛋/ 新鲜完整	E000097	元/500 克
	5. 水产品				
		海水鱼	带鱼/ 冻,国产 250 克/条左右	E000099	元/500 克
			黄鱼/ 冻,国产 500 克/条左右	E000101	元/500 克
		淡水鱼	草鱼/ 鲜活,1000 克/条左右	E000103	元/500 克
			鲤鱼/ 鲜活,500 克/条左右	E000104	元/500 克
			鲫鱼/ 鲜活,350 克/条左右	E000105	元/500 克
			鲢鱼/ 白鲢,鲜活,750 克/条左右	E000106	元/500 克
			平鱼/ 冻,国产 250 克/条左右	E000210	元/500 克
	6. 蔬菜				
		果菜	黄瓜/ 新鲜中等	E000004	元/500 克
			西红柿/ 新鲜中等	E000005	元/500 克
			圆茄子/ 新鲜中等	E000006	元/500 克
			青椒/ 新鲜中等	E000007	元/500 克
			冬瓜/ 新鲜中等	E000015	元/500 克
			豆角/ 新鲜中等	E000019	元/500 克
			尖椒/ 新鲜中等	E000023	元/500 克

续表

大类类别	中类类别	基本分类类别	代表品	编码	单位
			苦瓜/ 新鲜中等	E000025	元/500 克
		叶菜	大白菜/ 新鲜中等	E000002	元/500 克
			圆白菜/ 新鲜中等	E000003	元/500 克
			油菜/ 新鲜中等	E000010	元/500 克
			菠菜/ 新鲜中等	E000016	元/500 克
			小白菜/ 新鲜中等	E000017	元/500 克
			韭菜/ 新鲜中等	E000020	元/500 克
			生菜/ 新鲜中等	E000022	元/500 克
			油麦菜/ 新鲜中等	E000032	元/500 克
		其他	土豆/ 新鲜中等	E000008	元/500 克
			菜花/ 新鲜中等	E000009	元/500 克
			芹菜/ 新鲜中等	E000011	元/500 克
			白萝卜/ 新鲜中等	E000012	元/500 克
			心里美萝卜/ 新鲜中等	E000013	元/500 克
			胡萝卜/ 新鲜中等	E000014	元/500 克
			莴笋/ 新鲜中等	E000018	元/500 克
			蒜苗/ 新鲜中等	E000021	元/500 克
			平菇/ 新鲜中等	E000024	元/500 克
			葱头/ 新鲜中等	E000026	元/500 克
			绿豆芽/ 新鲜中等	E000027	元/500 克
			黄豆芽/ 新鲜中等	E000028	元/500 克
			大蒜/ 新鲜中等	E000029	元/500 克
			大葱/ 新鲜中等	E000030	元/500 克
			生姜/ 新鲜中等	E000031	元/500 克
	7. 水果				
		西瓜	西瓜	E000041	元/500 克
		苹果	富士苹果	E000034	元/500 克
			国光苹果	E000035	元/500 克
		香蕉	香蕉	E000042	元/500 克
			香蕉	E000043	元/500 克
		梨	雪花梨	E000036	元/500 克
			鸭梨	E000037	元/500 克
	8. 调味品				
		酱油	酱油/ 1 升塑料瓶装，氨基酸态氮含量≥0.40 克/100 毫升	E000148	元/瓶
			酱油/ 500 毫升，黄豆酱油/ 金狮利康	E001501	元/瓶
			酱油/ 500 毫升，生抽/ 海天	E001548	元/瓶

续表

大类类别	中类类别	基本分类类别	代表品	编码	单位
		醋	米醋/ 1 升塑瓶装/ 龙门	E000150	元/瓶
			醋/ 500 毫升瓶装/ 龙门，和田宽	E001502	元/瓶
		食用盐	食用盐/ 中盐	E000156	元/500 克
		味精	鸡精/ 太太乐	E000157	元/250 克
		白砂糖	白砂糖/JING TANG	E000162	元/500 克
		红糖	红糖/ JING TANG	E000163	元/500 克
	9. 其他食品				
		牛奶	牛奶/ 三元	E000168	元/袋 227 毫升
			牛奶/ 伊利	E000169	元/袋 240 毫升
			牛奶/蒙牛	E000171	元/袋 240 毫升
		奶粉	奶粉/ 三段幼儿配方，400 克盒装/ 伊利	E001504	元/盒
			奶粉/ 三段幼儿配方，400 克盒装/ 惠氏	E001505	元/盒
		矿泉水	矿泉水/ 550 毫升 / 农夫山泉		元/瓶
		碳酸饮料	果粒橙		元/瓶
		豆腐	豆腐/ 375 克盒装	E000176	元/盒
			豆腐/散装北豆腐	E000178	元/500 克
		方便面	方便面/ 103 克，红烧牛肉面，袋装/ 康师傅	E000808	元/袋
二、烟酒					
	1. 烟				
		国产卷烟	中华	E000432	元/盒
			中南海/焦油含量 10 毫克	E000434	元/盒
			中南海/焦油含量 5 毫克	E001628	元/盒
			黄鹤楼	E001629	元/盒
			红塔山	E001630	元/盒
			芙蓉王	E001632	元/盒
	2. 酒				
		啤酒	青岛/330 毫升罐装	E001529	元/瓶
			燕京/普通 600ml	E001530	元/瓶
			青岛/普通 600ml	E001635	元/瓶

续表

大类类别	中类类别	基本分类类别	代表品	编码	单位
		白酒	五粮液/52 度 500 毫升普通瓶装	E000439	元/瓶
			红星二锅头/52 度 500 毫升普通瓶装	E001531	元/瓶
			牛栏山二锅头/56 度 500 毫升普通瓶装	E001570	元/瓶
			茅台/53 度 500 毫升普通瓶装	E001636	元/瓶
			金六福/38 度三星 475 毫升	E001637	元/瓶
			汾酒/53 度 475 毫升	E001638	元/瓶
		葡萄酒			
			丰收（顺兴产）/干红 750 毫升 12 度	E000442	元/瓶
三、衣着和床上用品					
	1. 男士服装				
		男式衬衫	纯棉绅士		元/件
			纯棉皮尔卡丹		元/件
			纯棉雅戈尔		元/件
		男式毛衣	纯羊毛人头鸟		元/件
			纯羊毛雅戈尔		元/件
		男式夹克衫	男式夹克衫		元/件
		男式裤子	男式裤子		元/件
		男士纯棉内衣	纯棉铜牛		元/套
			纯棉三枪		元/套
			纯棉纤丝鸟		元/套
			纯棉宜而爽		元/套
			男士纯棉内衣		元/套
		男士西服	男士西服		元/套
		男袜	男袜		元/双
		男帽	男帽		元/件
	2. 女士服装				
		女式毛衣	纯羊毛＋E136 珍贝		元/件

续表

大类类别	中类类别	基本分类类别	代表品	编码	单位
			女式毛衣		元/件
		女式裙子	女式裙子		元/件
		女式衬衫	女式衬衫		元/件
		女式裤子	女式裤子		元/件
		女式套装（套裙）	女式套装（套裙）		元/套
		女士内衣	女式纯棉内衣		元/套
			纯棉普通铜牛		元/套
			纯棉普通三枪		元/套
			纯棉普通宜而爽		元/套
			纯棉普通纤丝鸟		元/套
		女袜	女袜		元/双
		女帽	女帽		元/件
	3. 儿童服装				元/套
		儿童上衣	儿童上衣		元/件
		儿童裤子	儿童裤子		元/件
		儿童裙子	儿童裙子		元/件
	4. 鞋				
		男鞋	男鞋		元/双
		女鞋	女鞋		元/双
		童鞋	童鞋		元/双
	5. 床上用品				
			毛毯		元/套
			床单		元/套
			床罩		元/套
			被套		元/套
四、家庭设备及用品					
	1. 家庭耐用消费品				
		燃气灶具	2QM19（嵌入式燃气灶）万家乐		
		热水器	燃气热水器 2QM19（嵌入式燃气灶）万家乐		
			电热水器 50HK6F（50L）万家乐		
		洗衣机	XQB50-918A（波轮式5kg）海尔		

续表

大类类别	中类类别	基本分类类别	代表品	编码	单位
			XQG50-BK9866（滚筒式 5kg）海尔		
		微波炉	P70D20TL-D4（机械型功率 700 瓦）格兰仕		
			G80F23CN2P-BM1（电脑型功率 800 瓦）格兰仕		
		电取暖器	NDY-20K（油汀型）格力		
			NDY-22A114（油汀型）先锋		
		冰箱	BCD-248WBJZ（210～250 升）海尔		
			BCD-215KCF（210～250 升）海尔		
		抽油烟机	MD85（直吸式）帅康		
		空调机	KFR-35GW/01FAQ23（1.5 匹冷暖）海尔		
	2. 家庭日化用品				
		洗发用品	洗发液 750 毫升飘柔		
		洗涤用品	肥皂 242 克雕牌		
			香皂 125 克力士		
			沐浴露 750 克力士		
			洗衣粉 1000 克碧浪		
			洗洁精 500 克金鱼		
			牙膏 120 克高露洁		
			消毒液 84 消毒液 470 毫升龙安		
五、医疗保健					
	1. 医疗服务				
		挂号费	普通门诊复诊		
		诊查费	市级医院门诊		
		注射费	肌肉注射		
		手术费	阑尾切除术		
			剖宫产术		

大类类别	中类类别	基本分类类别	代表品	编码	单位
		化疗费	体表肿瘤电化学治疗		
		床位费	普通病房（4 人间）		
		检查费	颅脑 CT 平扫		
			肝功能检查、验血		
	2. 中药				
		中药材	天麻		元/千克
			白参		元/千克
		中成药	益母草片 片剂 15mg ＊48s 云南永安		元/盒
			板蓝根颗粒 颗粒剂 3g＊20 江苏康缘		元/盒
	3. 西药				
			青霉素 注射剂 160 万U 江西东风药业		元/盒
			阿莫西林 胶囊 0.25g ＊24 澳美制药		元/盒
			头孢曲松 注射剂 0.5g＋5ml 台湾泛生制药		元/盒
			阿奇霉素 分散片 0.25g＊6 正大青春宝		元/盒
			左氧氟沙星氯化钠 注射剂 0.5g＊250ml 浙江新昌制药		元/盒
			异烟肼 片剂 0.1g＊100 江苏宜兴前进		元/盒
			利福平 胶囊 0.15g＊100 浙江新昌制药		元/盒
			吡嗪酰胺 片剂 0.25g ＊100 江苏四环生物		元/盒
			乙胺丁醇 片剂 0.25g ＊100 杭州民生		元/盒
			阿昔洛韦 片剂 0.1g ＊24 浙江亚太药业		元/盒
六、交通和通信费					
	1. 交通费				
		市区公共交通费	公共汽车票		元/张

续表

大类类别	中类类别	基本分类类别	代表品	编码	单位
			出租车收费		元/公里
			地铁票价		元/张
		长途汽车费	道路班车客运/跨省线路，大型高二级班车		元/人、公里
			公路货运/省际，定期，整车		元/吨、公里
		固定电话费	本地网营业区内通话费首三分钟		元/分钟
	2. 通信费				
		移动电话费	移动电话资费/中国联通后付费标准资费，本地主叫		元/分钟
			移动电话资费/中国电信后付费标准资费，本地主叫		元/分钟
			移动电话资费/中国移动神州行标准卡资费，本地主叫		元/分钟
			移动电话资费/中国移动全球通，套餐资费		元/分钟
		上网费	上网费用/主营2兆宽带 包月 不限时		元/月
七、文娱用品服务					
	1. 文娱用品				
		彩色电视机	42 液晶 LG		元/台
			42 液晶索尼		元/台
		手机	N8（彩屏带摄像头）诺基亚		元/台
		数码照相机	TX9（1200 万像素5 倍光学变焦）索尼		元/台
		电脑	家悦 i3670（主流品牌台式机）联想		元/台
	2. 报纸杂志				
		报纸	《北京晚报》		元/月
			《北京青年报》		元/月
		杂志	《大众电影》		元/月
			《读者》		元/月
			《家庭医生》		元/月

续表

大类类别	中类类别	基本分类类别	代表品	编码	单位
	3. 文娱费				
		公园门票	中山公园门票		元/月
			动物园门票		元/月
			颐和园门票		元/月
		有线电视收费	有线（数字）电视收费（基本月租费）		元/月
	4. 教育费				
		大学学费	综合性院校		元/学期
			艺术类院校		元/学期
			师范院校		元/学期
		高中学费	市级示范校		元/学期
			普通学校		元/学期
			普通高中职业学校		元/学期
八、居住					元/平方米
	1. 房租				
	普通住房一居	按面积和总金额	普通住房一居		元/平方米
	普通住房二居	按面积和总金额	普通住房二居		元/平方米
	普通住房三居	按面积和总金额	普通住房三居		元/平方米
	2. 水电燃料				
		居民用水	污水处理费/居民生活用水污水处理费		元/吨
		居民用电	居民用电/220伏		元/千瓦时
		管道天然气	管道天然气/民用一级		元/立方米
		其他燃料	民用采暖/市政供暖，按供热面积收费		元/月·平方米

8.7 数据异常值检查测算

大类	基本分类	代表品代码	代表品名称	代表品历史平均价格变动	代表品历史平均价标变动标准差	历史观察数	异常值种类	异常值(1)数量	异常值(1)比例	异常值(2)数量	异常值(2)比例
粮食	粳米	E000054	粳米	0.02023	0.59079	1403	1	23	1.64%	10	0.71%
		E000054	粳米	0.02023	0.59079	1403	2	12	0.86%	8	0.57%
		E000055	粳米	0.01874	0.72962	1403	1	26	1.85%	15	1.07%
		E000055	粳米	0.01874	0.72962	1403	2	17	1.21%	12	0.86%
		E000056	粳米	0.02996	0.80818	1403	1	17	1.21%	10	0.71%
		E000056	粳米	0.02996	0.80818	1403	2	7	0.50%	7	0.50%
		E000057	粳米	0.02981	1.01247	1403	1	26	1.85%	13	0.93%
		E000057	粳米	0.02981	1.01247	1403	2	11	0.78%	7	0.50%
		E000058	粳米	0.01816	0.40496	1403	1	37	2.64%	20	1.43%
		E000058	粳米	0.01816	0.40496	1403	2	30	2.14%	18	1.28%
		E000059	粳米	0.0198	0.42403	1403	1	41	2.92%	26	1.85%
		E000059	粳米	0.0198	0.42403	1403	2	22	1.57%	11	0.78%
		E000060	粳米	0.02099	0.72383	1403	1	24	1.71%	16	1.14%
		E000060	粳米	0.02099	0.72383	1403	2	20	1.43%	12	0.86%
		E000061	粳米	0.01685	0.81551	1403	1	27	1.92%	16	1.14%
		E000061	粳米	0.01685	0.81551	1403	2	31	2.21%	14	1.00%
	标准粉	E000121	标准粉	0.01292	0.66533	1099	1	21	1.91%	13	1.18%
		E000121	标准粉	0.01292	0.66533	1099	2	16	1.46%	12	1.09%
		E001008	标准粉	0.01314	0.36587	1099	1	24	2.18%	13	1.18%
		E001008	标准粉	0.01314	0.36587	1099	2	15	1.36%	10	0.91%
		E001009	标准粉	0.01407	0.61815	1099	1	13	1.18%	8	0.73%
		E001009	标准粉	0.01407	0.61815	1099	2	9	0.82%	5	0.45%
		E001010	标准粉	0.01237	0.65813	1099	1	15	1.36%	10	0.91%
		E001010	标准粉	0.01237	0.65813	1099	2	12	1.09%	9	0.82%
	粗粮	E000062	小米	0.04995	1.50499	1403	1	34	2.42%	15	1.07%
		E000062	小米	0.04995	1.50499	1403	2	16	1.14%	8	0.57%
		E000063	黄豆	0.0223	1.10848	1403	1	26	1.85%	11	0.78%
		E000063	黄豆	0.0223	1.10848	1403	2	15	1.07%	8	0.57%
		E000064	绿豆	0.01225	1.95847	1403	1	34	2.42%	13	0.93%
		E000064	绿豆	0.01225	1.95847	1403	2	27	1.92%	13	0.93%
		E000066	江米	0.02497	1.07935	1403	1	29	2.07%	16	1.14%
		E000066	江米	0.02497	1.07935	1403	2	23	1.64%	11	0.78%
		E000067	花生米	0.00879	0.82717	1403	1	56	3.99%	27	1.92%
		E000067	花生米	0.00879	0.82717	1403	2	51	3.64%	19	1.35%
		E000132	红小豆	0.02491	1.78116	1403	1	21	1.50%	12	0.86%
		E000132	红小豆	0.02491	1.78116	1403	2	18	1.28%	13	0.93%
		E000133	玉米面	0.02141	0.7926	1403	1	30	2.14%	18	1.28%
		E000133	玉米面	0.02141	0.7926	1403	2	22	1.57%	14	1.00%
	富强粉	E000046	富强粉	0.01901	0.21474	1403	1	85	6.06%	42	2.99%
		E000046	富强粉	0.01901	0.21474	1403	2	62	4.42%	28	2.00%
		E000047	富强粉	0.01459	0.35108	1403	1	56	3.99%	31	2.21%
		E000047	富强粉	0.01459	0.35108	1403	2	46	3.28%	29	2.07%
		E000048	富强粉	0.01807	0.28909	1403	1	70	4.99%	31	2.21%
		E000048	富强粉	0.01807	0.28909	1403	2	54	3.85%	19	1.35%
		E000049	富强粉	0.01616	0.44907	1403	1	41	2.92%	19	1.35%
		E000049	富强粉	0.01616	0.44907	1403	2	26	1.85%	12	0.86%

续表

大类	基本分类	代表品代码	代表品名称	代表品历史平均价格变动	代表品历史平均价标准差变动标准差	历史观察数	异常值种类	异常值（1）数量	异常值（1）比例	异常值（2）数量	异常值（2）比例
蔬菜	果菜	E000004	黄瓜	0.25782	7.01024	1403	1	177	12.62%	51	3.64%
		E000004	黄瓜	0.25782	7.01024	1403	2	156	11.12%	25	1.78%
		E000005	西红柿	0.18342	5.66095	1403	1	128	9.12%	44	3.14%
		E000005	西红柿	0.18342	5.66095	1403	2	132	9.41%	30	2.14%
		E000006	圆茄子	0.14766	6.1444	1403	1	175	12.47%	48	3.42%
		E000006	圆茄子	0.14766	6.1444	1403	2	182	12.97%	28	2.00%
		E000007	青椒	0.15701	5.58706	1403	1	174	12.40%	55	3.92%
		E000007	青椒	0.15701	5.58706	1403	2	176	12.54%	30	2.14%
		E000015	冬瓜	0.11366	4.98123	1403	1	125	8.91%	41	2.92%
		E000015	冬瓜	0.11366	4.98123	1403	2	120	8.55%	41	2.92%
		E000019	豆角	0.19932	6.04616	1403	1	156	11.12%	48	3.42%
		E000019	豆角	0.19932	6.04616	1403	2	176	12.54%	28	2.00%
		E000023	尖椒	0.1566	5.48354	1403	1	174	12.40%	45	3.21%
		E000023	尖椒	0.1566	5.48354	1403	2	170	12.12%	32	2.28%
		E000025	苦瓜	0.33164	8.43886	1403	1	169	12.05%	51	3.64%
		E000025	苦瓜	0.33164	8.43886	1403	2	161	11.48%	41	2.92%
	叶菜	E000002	大白菜	0.2081	6.82265	1403	1	160	11.40%	44	3.14%
		E000002	大白菜	0.2081	6.82265	1403	2	136	9.69%	36	2.57%
		E000003	圆白菜	0.24028	7.03746	1403	1	134	9.55%	43	3.06%
		E000003	圆白菜	0.24028	7.03746	1403	2	126	8.98%	20	1.43%
		E000010	油菜	0.29425	8.03096	1403	1	166	11.83%	55	3.92%
		E000010	油菜	0.29425	8.03096	1403	2	163	11.62%	29	2.07%
		E000016	菠菜	0.38436	9.29574	1403	1	174	12.40%	58	4.13%
		E000016	菠菜	0.38436	9.29574	1403	2	173	12.33%	23	1.64%
		E000017	小白菜	0.31323	8.93325	1403	1	151	10.76%	45	3.21%
		E000017	小白菜	0.31323	8.93325	1403	2	141	10.05%	31	2.21%
		E000020	韭菜	0.39954	8.99672	1403	1	160	11.40%	49	3.49%
		E000020	韭菜	0.39954	8.99672	1403	2	162	11.55%	25	1.78%
		E000021	蒜苗	0.07445	3.93369	1403	1	111	7.91%	35	2.49%
		E000021	蒜苗	0.07445	3.93369	1403	2	114	8.13%	43	3.06%
		E000022	生菜	0.41525	8.72242	1403	1	136	9.69%	60	4.28%
		E000022	生菜	0.41525	8.72242	1403	2	134	9.55%	32	2.28%
		E000026	葱头	0.06715	4.3265	1403	1	100	7.13%	45	3.21%
		E000026	葱头	0.06715	4.3265	1403	2	109	7.77%	39	2.78%
		E000029	大蒜	0.03207	3.94625	1403	1	118	8.41%	40	2.85%
		E000029	大蒜	0.03207	3.94625	1403	2	118	8.41%	36	2.57%
		E000032	油麦菜	0.12429	5.76089	1403	1	163	11.62%	56	3.99%
		E000032	油麦菜	0.12429	5.76089	1403	2	159	11.33%	23	1.64%

注：（1）异常值种类：1代表比历史均值高1/2个标准差，2代表比历史均值低1/2个标准差；

（2）异常值（1）代表以1倍标准差为判别标准的异常值，异常值（2）代表以2倍标准差为判别标准的异常值。

参考文献

［1］杜金富，等．价格指数理论与实务［M］．北京：中国金融出版社，2014．

［2］Fisher，I.（1922）．The Making of Index Numbers. A Study of Their Varieties，Tests，and Reliability. Reprint of 1967 by Augustus M. Kelley of the third edition of 1927.

［3］杨灿．经济指数理论问题研究［J］．中国经济问题，2001（4）：49～56．

［4］杨灿．现代指数形式理论评析［J］．厦门大学学报（哲学社会科学版），2002（3）：32～40．

［5］帕尔·科夫斯．指数理论与经济现实［M］．夏一成，刘运哲，胡伏云译．北京：中国统计出版社，1990．

［6］张瑾．随机指数方法及其应用问题研究［D］．厦门大学，博士学位论文，2007．

［7］焦鹏．现代指数理论与实践若干问题的研究［D］．厦门大学，博士学位论文，2008．

［8］伍超标．统计指数的随机方法及其应用［M］，北京：中国统计出版社，2000．

［9］邓郁松，刘涛，张晨．物价指数的监测预警［M］．北京：社会科学文献出版社，2013．

［10］李伟．新时期我国消费新增长点研究［M］．北京：中国发展出版社．2014

［11］王桂荣，李菲菲．对我国CPI权重调整的经济学思考［J］．北京：价格理论与实践，2011（8）．

［12］裴辉儒，孙晓亮，陈领．中国农产品价格波动对CPI的影响分析［J］．北京：经济和管理，2011．

SHENGHUO BIXUPIN LIN G YU
JIAGE ZHISHU YANJIU YU YIN G YONG

后 记

　　《生活必需品领域价格指数研究与应用》一书是我中心在近几年生活必需品指数项目研发编制过程中的一些认识、探索、应用、经验和感悟，以及许多有价值的研究结论和经验总结成果的一个集结。生活必需品领域价格指数编制工作虽历经多年，且已初见成效，但必须看到，任何研究都是在特定的研究框架和范围内进行的，不可能涵盖所有的影响因素，特别是在影响因素众多的价格领域，难免在理论水平上欠深度、应用上缺高度、方式方法有待深化，本书在编写过程中难免存在一些错误和不足，敬请广大读者批评指正。我们愿意谨以微薄之力，将尚不成熟的见解和体会汇聚成册，为已经或准备编制发布生活必需品领域价格指数的部门和广大同行提供一本有学习参考价值的书籍，如能够引起读者对价格指数编制工作理论和方法的重视，对价格管理实际工作有所帮助，给大家些许启发和参考，就达到了出版的目的了。

　　在本书定稿之际，感谢国家及有关兄弟省市地方政府部门的领导、专家的大力支持，感谢有着兄弟般情谊的中科院和国研团队的各位同事们鼎力相助，他们的专业素质和敬业精神减少了我们书中的纰漏。与此同时，国家发展和改革委员会价格监测中心郑立伟主任欣然同意为本书作序，对此深表感谢！

编者